Genel Yayın: 1778

TÜRK EDEBİYATI

CAN YÜCEL
BİR SİYASİNİN ŞİİRLERİ

Sertifika No: 11213

EDİTÖR
RÛKEN KIZILER

YAYIN DANIŞMANI
ALOVA

GÖRSEL YÖNETMEN
BİROL BAYRAM

GRAFİK TASARIM VE UYGULAMA
TÜRKİYE İŞ BANKASI KÜLTÜR YAYINLARI

I. BASIM
KONUK YAYINLARI 1974

TÜRKİYE İŞ BANKASI KÜLTÜR YAYINLARI'NDA
I. BASIM AĞUSTOS 2009, İSTANBUL
V. BASIM MAYIS 2012, İSTANBUL

ISBN 978-9944-88-717-5 (KARTON KAPAKLI)

BASKI
KİTAP MATBAACILIK SAN. TİC. LTD. ŞTİ.
Davutpaşa Caddesi No: 123 Kat: 1
Topkapı İstanbul
(0212) 482 99 10
Sertifika No: 16053

TÜRKİYE İŞ BANKASI KÜLTÜR YAYINLARI
İstiklal Caddesi, Meşelik Sokak No: 2/4 Beyoğlu 34433 İstanbul
Tel. (0212) 252 39 91
Fax. (0212) 252 39 95
www.iskultur.com.tr

bir siyasinin şiirleri

CAN YÜCEL

Desenler Mehmet Sönmez

TÜRKİYE İŞ BANKASI
Kültür Yayınları

Mehmet'ki Sevgiye Asker,
Ne subay olur, ne er.

[signature]

8 Ekim, 1974

Mehmet Sönmez 1944'te İstanbul'da doğdu. 1973 ve 1974 yıllarındaki DYO resim yarışmalarında mansiyon, 1974 yılında Nasrettin Hoca Uluslararası Karikatür Yarışması'nda şeref ödülü, 1976'da Çarşaf Dergisi'nin düzenlediği uluslararası karikatür yarışmasında mansiyon aldı. 1981'de Bİ-ZE galerisinde kişisel sergi açtı. Mehmet Sönmez'in 1970-74 yılları arasında çizdiklerinden derlediği *Nefti* ve Metis Kartpostal Kitap Dizisi'nden 1988'de çıkan *Bodrum'u Hatırlıyorum* isimli iki albümü bulunmaktadır.

Can Yücel Adana Cezaevinde'yken (1973-74) Mehmet Sönmez de İstanbul'da Sağmalcılar ve Selimiye Cezaevleri'nde hapis yatıyordur. Can Yücel Adana'da *Bir Siyasinin Şiirleri*'ni yazar, Mehmet Sönmez de İstanbul'da şiirleri resimler. Her iki mahpus da 1974 affıyla özgürlüklerine kavuşunca bir araya gelerek *Bir Siyasinin Şiirleri* kitabını yayınlatırlar.
Mehmet Sönmez 1998'de hayatını kaybeder.

İÇİNDEKİLER

bi sen eksiktin
ay ışığı

GÜZEL'E

Dün gece senin küçücük elinle yalnız yattık.
Yalnız, senin küçücük elinle yalnızlık
Kandilli ilkokulu kadar kalabalık...
Zilleri çaldığında düşlerinin
Sınıfların kapıları ardına kadar açık,
Gökyüzünün, denizin, toprağın ve hayalle emeğin
Haklı sınıfları...
Belki de baskın korkusuyla, vefasız, akıntıya atılan
Kitaplar var ya, onlardan
Öğrenmiş Marx'ı gümüş balıkları
Ve belki de onun için o kadar,
O kadar aydınlık ortalık...

Sen ki çiçekleri toplamayan Güzelim,
Çiçekleri sulayan çocuk
Ve ben ki buruk ve kavruk
Bir ihtiyar adamım artık,
Öyle güzeldim ki senle, çiçeklerden çok...
Ve anladım, anladım ki bi daha:
Düşünde bile göremez işler
Düşlerin gördüğü işleri.

MARE NOSTRUM

En uzun koşuysa elbet Türkiye'de de Devrim
O, onun en güzel yüz metresini koştu
En sekmez lüverin namlusundan fırlayarak...
En hızlısıydı hepimizin,
En önce göğüsledi ipi...
Acıyorsam sana anam avradım olsun,
Ama aşk olsun sana çocuk, AŞK olsun!

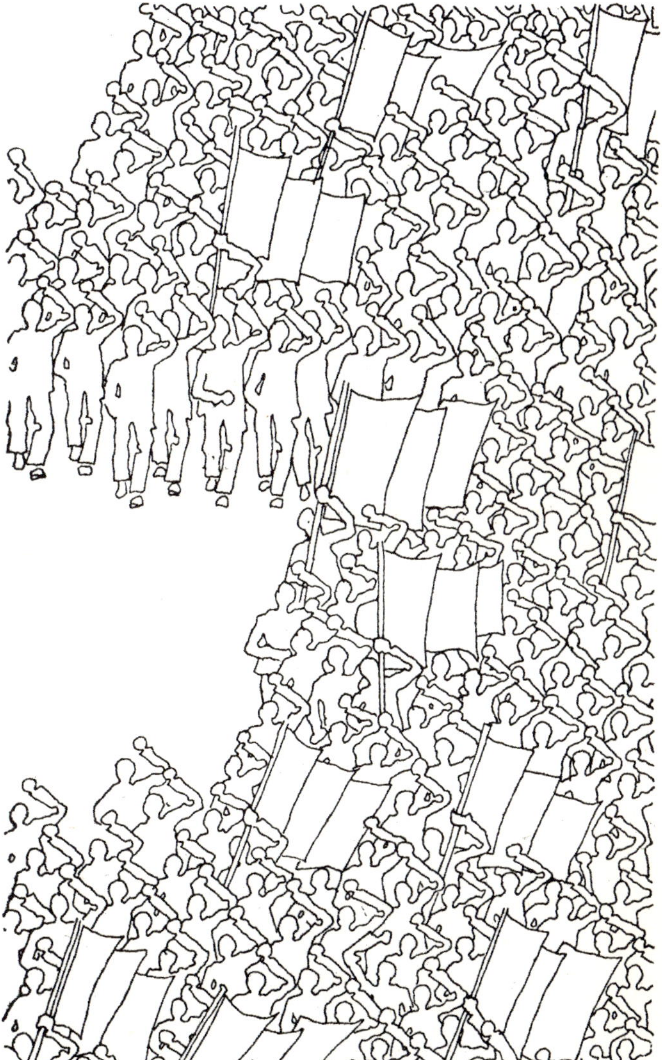

Bİ SEN EKSİKTİN AY IŞIĞI

Bileklerimizi morartmış yeni Alman kelepçeleri,
Otobüsün kaloriferleri bozuldu Kaman'dan sonra,
Sekiz saat oluyor karbonatlı bir çay bile içemedik,
Başımızda *perensip sahibi* bir başçavuş,
Niğde üzerinden Adana Cezaevine gidiyoruz...

Bi sen eksiktin ay ışığı
Gümüş bir tüy dikmek için manzaraya!

YA'U

Elektrikler söndü dün gece,
Zorbelâ toplayıp satırancın taşlarını
Mecburen yattık.

Simsiyah kediler gibi dolaşıyor koğuşta
Uyuyan dostların nefesleri.
Dolaşsınlar azıcık!

Tam ben de eve doğru açılıyordum
Şıpırdatmadan hiç kürekleri,
Yanmaz mı o tepemdeki yüz mumluk ışık!

Bir kürek mahkûmunu Boğaz'da sandal sefasına
Haklılar, bırakmazlar tabiî ama...
Ya'u ne güzel şeymiş meğer karanlık!

Can Yücel

SARDUNYAYA AĞIT

İkindiyin saat beşte,
Başgardiyan Rıza başta,
Karalar bastı koğuşa
İkindiyin saat beşte.

Seyre durduk tantanayı,
Tutuklayıp sardunyayı
Attılar dipkapalıya
İkindiyin saat beşte.

Yataklık etmiş ki zaar
Suçu tevatür ve esrar,
Elbet bir kızıllığı var
İkindiyin saat beşte.

Dirlik düzenlik kurtulur,
Müdür koltuğa kurulur,
Çiçek demire vurulur
İkindiyin saat beşte.

Canların gözleri yaşta,
Aklı idamlık yoldaşta,
Yeşil ölümle dalaşta
Sabahleyin saat beşte.

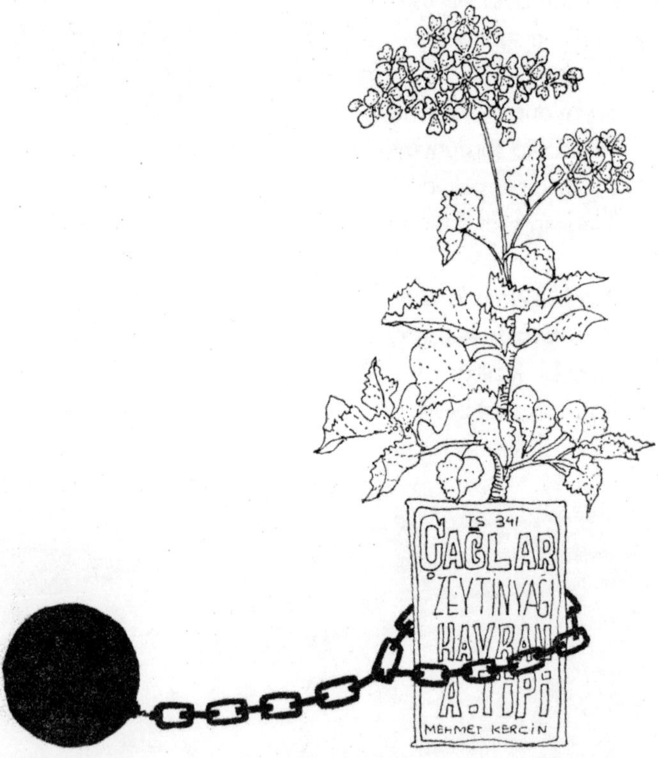

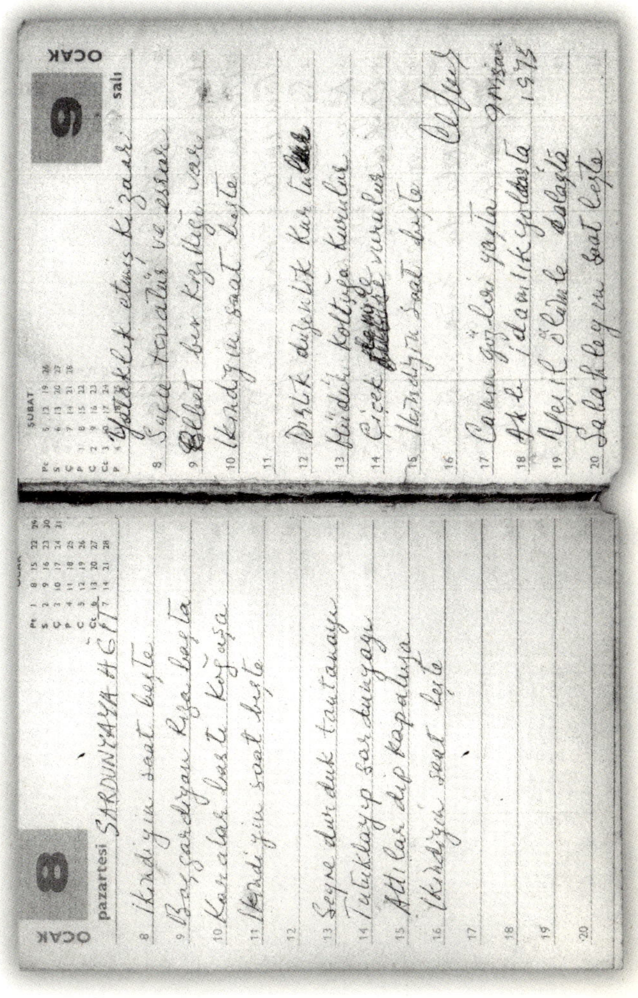

Cezaevinde tuttuğu ajandasından... Son dörtlükteki birinci dize burada "Canın gözleri yaşta" şeklinde geçiyor (e.n.)

PARÇA PARÇA

BİR

Yaşamak istiyorum.
Yaşamayı bu soğumuş cehennemde
Ölü bir dost gibi içim titreyerek düşünmek değil sade,
Yaşamayı yaşamak istiyorum.

İKİ

Bu küfür küfür değil, bu küflü rüzgâr,
Bu silsilesini siktiğimin koridorlarına
Demirli dosyalar gibi sıralanmış kapılardan
Ayaklarımın dibine kadar sokularak
Ve sezdirmeden üflüye üfüre
Parmaklarımın uçlarını kemiren
Bu kılları ağarmış fare
Ne bilir, ne anlar ki çocuklardan haber vere!
Hem verse de ne umurum!
Ben ki müebbet muhabbete mahkûmum,
Çocuklardan haber değil,
Çocukları güneş kokan enselerinden koklıya koklıya
öpüp ısırmak istiyorum.

ÜÇ

Bu uzaklardan ürüyen zağarlar ki şehirdir
Üleşemiyorlar zaar *gece* denen kemiği,
Derken o bet sesli avcı, Ezân-ı Muhammedî
Önüne katıyor onca yeziti...
Allah ekberdir! Allah eksperdir!
Lâkin inliyor yine uykusunda Mahir
Ve hep böyle demeç verircesine sayıklayan Şerifoğlu
O Allahlığını bilsin, diyor, *ben kulluğumu!*
Velhâsıl:
Bu her gece uykusunda bağırıp çağıran, ağlayan, gülen,
konuşan, isyan eden, yalvaran, küfreden, diş
gıcırdatan Adem Babalar arasında,
Bu damsız damda,
Bu Havvasız havada
"Saf Şair" olamıyor adam,
Sökmüyor sırf şiirsel yorum.
Hani
Ben artık şarkı dinlemek değil, şarkı söylemek istiyorum,
diyor ya Nâzım,
Ben de artık şiir düzmek değil, şiiri düzmek istiyorum.

DÖRT

Sen değildin görüş günü telörgüden görünen,
Boncuklarla işlediğim suretindi o senin;
Gölgenin güneşe nisbeti, leylim...
Hem seni ben, seni görmekle görmüş değilim,
Görmedikçe gözlerinin gördüklerini tekmil:
    Sabahları çarşıya giderken, örneğin,
    Gece dışarda kalmış, üşümüş, tüyleri ıslak bir kedi gibi
    Nasıl ayaklarına sürtünüyor komşu arsadaki yeşil
    Ve tam köşeyi dönerken, ıhlamurların orda
    Eteklerini beline sokmuş - - Vallâhi-billâhi ha! - -
    Nası' tıpkı Esmâ'nım gibi çamaşır yıkıyor sahil!..
Görmedikçe gördüğün bu mucizeleri,
Görmedikçe senin gözlerinle evreni,
Göremiyorum ki dünya gözüyle seni...
Hem ben sana bişey söyleyim mi yavrum,
Ben aslında seni görmek filân değil,
Düpedüz Seni istiyorum!

BEŞ

Bunlar ki hıyaneti battaniyeden yatan
Ve yataklarının tiftiği muntazaman mütehassıs hallaçlar
tarafından atılan,
O düşleri azgın şakilerin yorgun yorganları,
Alları ve dallarıyla bit-tamam serilmişler güneşe,
Betonların üzerinde melûl-mahzun bir neş'e...
Bunlar ki yorgan yüzlerinin düzüne inmiş dağ lâleleri,
Bunlar ki silâhtan tecridedilmiş yaban sünbülleri,
Bunlar ki zararsız hale getirilmiş bir bölük menevşe
Ve şuncağızlar Sinan'ın papatyaları işte!..
Anılar ki önlerinden her geçişte
Islanmış mayıs böcekleri gibi üzerlerinde
Acem acem geziniyor gözlerim...
Ama kader diye bir bok varsa eğer,
Keder değil elbet benim kaderim,
Ve anılar ki madem anasıdır yaşanacak delikanlı anların,
Bugün bu anıt-kuburda kokuşsam da yarın
Çiçek Dağlarında seyirtecek seyrim,
Değil mi ki burnumda tüten toprak kokusudur Devrim!

ALTI

Yaşamayı yaşamak istiyorum, demiştim,
Neylersin ki bu damda bu dem
Ayaklarımla uyaklarımda zincir,
Böyle topal koşmalarla geçiyor günlerim,
Oysa - - medhetmek gibi olmasın kendimi ama - -
Yaşamım benim en güzel şiirim.

MESEL

Onlar ki suda balık...
N.H.

Dün gece İsa'yı gördüm seyrimde,
Sağken de böyleydi, bir yarı ölü,
Hayâlen duruyor sal üzerinde...
Su desen su değil, Celile Gölü,
Asılmışlar gibi boynunda haçı,
Sal yalpaladıkça o da sallanır.
Karşıda bir alay berduş balıkçı
Haça dalıp dalıp da dalgalanır.

Mâlum ya peygamberlik de bir meslek,
Onun da bir fenni, marifeti var.
İlk fırsat, malını öne sürecek
Ki talep çoğalsın, gelişsin pazar.
İsa'nın fenni ne? Mucize elbet!
Hatırlar İncil'i bilenleriniz:
Zekeriyle balık tuttuydu hazret.
İman kuvvetine bakın hele siz!

Düşüme girince, dedim ki: *Yoksa*
Meydan mı okuy'cak yine Doğaya?..
Sahiden de çözüp uçkuru İsa
Sarkıtıvermez mi kamışı suya!
Bekleye bekleye hal olduk tabiy...
E, değerdi ama böyle olaya...
Çıka çıka sudan ne çıksa iyi?
Soğuktan morarmış bir kuru bamya!

İnce saz başladı o zaman işte!
Ters bir nota verdi Tanrı Elçisi:
Zaptiyelerdeydi en büyük hatâ!
Denize dökünce Marx'ı, Engels'i,
Kitaplardan geçti balıklara da
Diyalektik Materyalizm illeti!..
Ne mucize, ne ağ, ne de tırata,
Yutmuyorlar artık! diye diretti.

Sonra Kumkapıdan çıktı asfalta,
Resmî bir taksiye atlayıp gitti.

KAKTÜSLER Kİ...

Kaktüsler ki o azman çöl bitkileri...
Marmaristen bildiğimiz sabırların kat kat büyükleri...
Bitkiden çok, tükenip bittiği yerde yeşilin
Dikili taşlardır onlar rahmetli yağmur için...
Yakılan ağıtlardan zaar kararmış böyle bâzısı,
Okunmuyor ki şeytan örümceklerinden üstündeki diken
yazısı;
Yoksa nasıl ateş püskürüyorlardır kim bilir o ateş püsküren
güneşe,
Ve cızz ediyordur içleri, düşlerine bir bulut düşse...
Bir kurtuluş söylentisidir sanki, bekleşirler akşam serinliğini
Salmak için toprağın derinlerine özlemlerinin son
köstebeğini...
Kutlu olsun onlara ki o gece, suya erer ayakları, kökleri,
Mevlût gibi bir sevince donanır o kademsiz ve kısır firenk
inciri...
Bir top ışık patlar dikenlerin arasından, bir arayıcı fişeği,
Aydınlatır karanlık kum saatlerini o mutsuz bitkinin o
umutlu çiçeği...

Bu kızmış taşlar, demirler ve dikenli teller arasında,
sevgilim,
Böylesine bir umut çiçeği çorak gözlerimde açan hayalin.

HAYATTA BEN EN ÇOK BABAMI SEVDİM

Hayatta ben en çok babamı sevdim.
Karaçalılar gibi yardanbitme bir çocuk
Çarpı bacaklarıyla - - ha düştü, ha düşecek - -
Nasıl koşarsa ardından bir devin,
O çapkın babamı ben öyle sevdim.

Bilmezdi ki oturduğumuz semti,
Geldi mi de gidici - - hep, hepp acele işi! - -
Çağın en güzel gözlü maarif müfettişi.
Atlastan bakardım nereye gitti,
Öyle öyle ezber ettim gurbeti.

Sevinçten uçardım hasta oldum mu,
40'ı geçerse ateş, çağ'rırlar İstanbul'a,
Bi helâllaşmak ister elbet, diğ'mi, oğluyla!
Tifoyken başardım bu aşk oy'nunu,
Ohh, dedim, göğsüne gömdüm burnumu.

En son teftişine çıkana değin
Koştururken ardından o uçmaktaki devin,
Daha başka tür aşklar, geniş sevdalar için
Açıldı nefesim, fikrim, canevim.
Hayatta ben en çok babamı sevdim.

O GAMLI ŞOVALYEYE

Upuzun bir Don var ya Servantes'ten müdevver,
Ben o yellim-yellimin kahve değirmeniyim.
Yoksulluklar, savaşlar, tutsaklıklar, sürgünler,
Rozinant'ın kıçında yıllardır seferîyim.

Varsın bu pirinç beden ve bu inançlı keşiş
Dağ bayır dolaşırken hasret gitsin kahveye!
Vurdukça güneş kursu nakışlarıma güneş,
Sevinçler öğütürüm o gamlı şovalyeye.

1972 YAZI

Nerdeyse ışığa inanmaz olacaktık,
Öyle hızla büyüyordu içimizdeki karanlık...

Kalamışta,
Öğlen sıcağında
Heykeltraş Kuzgun'la beraber
Damarları varisli ve mermer bir masanın başında
Yeni kesilmiş iki sığır kulağı gibi otururken,
(Bu Kuzgun'un susması demek değil ya hoş,
O ara Mit'olojik işkence usulleri hazretin en büyük
merakı.)
Buz gibi biliyordum
Ne kadar su koysan üstüne, boş,
Ağarmayacaktı önümüzdeki nâmıssız rakı...
Yandaki sokaktan mayolu gençler geçiyor,
Gözlerinde fosfor, bacaklarında 4000 kalorilik gurur,
Geçiyorlar *Rüzgâr Gibi Geçti* kızlarıyla;
Mutluluk omuzlarına atıverdikleri o yumuşacık havlu...
Düzenleri düzenlerine mübarek olsun!
Ben burda öbür Gençliği ihtiyarlıyorum.
O,
Daireden daireye,
Apartımandan apartımana
En enli arz dairesinden en boylu tul dairesine
taşınırmışçasına,

Güneş bombalarını,
Yıldız kitaplarını
Ve kurşundan ağır, kurşundan vahim yüreklerini
Gık demeden taşıyan
O Sevgi ve Öfke Hamallarını
Kendi ecel terlerimle terliyorum
Damarları varisli ve mermer bir masanın başında...

Kargaların şânındanmış,
- - Biri söyledi, ama kim? - -
Yezitler gagalarına geçirdikleri kemikleri
Kırıp iliklerini sömürmek için
Yükselip yükselip taa yukarlardan
Tak diye bırakırmış damların üzerine
Garson öğlen ajansını açtığı zaman,
Çatırtısı geliyordu kaval kemiklerimin
Bitişikteki Rum kilisesinin arduvazlarından...

Garson, dedim, *bana biraz sabır ver!*
Allahtan isteyeceğinizi benden istiyorsunuz, paşam, dedi.
Öyleyse bir allah ver! dedim,
Gitti, bi daha da gelmedi...

Yalnız kalmanın akılları bunlar!..
- - *Nasıl da hırtça bölündük birader!*
Herifler satırı indirince,
Sakatatçı dükkânına döndük,
Ciğerler, kelleler, işkembeler... - -
Gözümün ucuyla bakıyorum,
O tenhalar kahramanı mistik serçe
Tabağın dibinde kalmış kurtlu kirazları didikliyor,
Yanaşmış gizlice...
Yalnızlığın ufunetleri bunlar!..
- - *Ama geçer, geçer hepsi,*
Yakında hapse girince...
Gerçi... gerçi... - -

MİLYON 1.000.000 BANK 3.000.000 BANK
4.000.000 BANK
HER ÇEKİLİŞTE
PARANIZI
BAN
DİNG
3.000.000 BANKASI
MİLYON
DAĞITIYOR
BANK 3.000.000
BANK
TL
HOLDİNG
1.000
7.000.000
TL

Önce güneş tutuldu sandım
Önümüzdeki turistik ve polikrom resim
Resmen Araba döndü birden,
Kayboldu deniz, o mavi yekçeşim,
Kayboldu vapur iskelesi (Mimar Kemal'den),
Kayboldu çilekler kadar çilli çocukların
Sevinçler çalan çıngırakları,
Ayvalıklı ablalarının ayva tüyü baldırları keza;
Kayboldu o Bodrum Yapısından dönme tırandil
(Seksen *horse*'luk moturuyla kafa sikiyordu hâza!),
Kayboldu, ama pek de görünmüyordu zâten karşıki
sahil...
Sahi, nerden çıktı, kuzum, bu karartı?..
Güneş lekesi olmasın sakın?..
Aaa! At bu! At!
Tamam! Şu çınarın dibinde duran yük arabasının atı!
Hiç ummazsın, diğ'mi, gündüzü geceye kattı kerata!
O metre karesi 1000 liralık manzarayı bi kalemde sildi
attı!
Şimdi de suyun üstüne yürüyor!
Suyu boğacak gibi!
Tühallah! Ayağı tökezlendi galiba!
Kulaklarının dikine dek suya battı!

Bak! Bak! Toparladı kendini!
Fırladı, ayağa kalktı!
Heyt be!
Bi silkindi,
Öyle bi silkindi ki
O kötü, o karadonlu yük atı,
O güzellik uykularını kaçıran karartı
Işık olsun! falan diye buyruk etmeden,
Sırf değişe, değiştire, değişe
Yelelerle eytişen yelesinden
Ve sularla birleşen terinden
Ve tümünü birden verip güneşe
Yepyeni bir aydınlık yarattı,
Ve siyah sahtiyanlar kuşanmış bedeninden
Öyle bi yıldız dumanı ağarıp ağdı ki göğe,
Saman Yolunda sanıp kendini
Şaha kalktı hergele...

Mürekkep balıklarında, dedim, *daha da belirgin bu...*
- - Sözde sıkı duracaktım elime, dilime ve Bilime! - -
Daha da açık, dedim, *mürekkep balıklarında*
Bu Akla Kara, Aydınlıkla Karanlık
Ve Yaşamla Ölüm arasındaki çelişme ve birleşme...
Ve devam ettim, parayla değil ya ukalâlık! - - -
Bu düşmanlarına ve düşmanlarının dostu ışıklara karşı
Kursağındaki karadan, o acıdan, ağudan
Gayrı savı ve savunması olmayan
Bu kendi mürekkebini yalamış yaratık
Yaşamın son emrine sıra geldiği zaman,
Bizceleyin tükenen höcreleriyle tükenip gideceğine,
Milyonla büklümünden bir bir bölüne bölüne
Çırağ eylermiş milyonla yavruyu deniz yüzüne,
Ve başladı mıydı Doğumla Ölümün o ölmez düğünü,
Bir ışık duvağı içinde mürekkep balığı
Yaşarmış son gürlüğünü...

KIZIL KİTAP
HALK ORDUSU
KIZIL KİTAP
YAZILAR
ASKERİ YAZILAR
CAN YÜCEL
CAN YÜCEL
LENİN: SEÇME
NAZIM HİKMET
KAPİTAL
AHMED ARİF
KIZIL KİTAP
ORHAN KEMAL
MARKSIZMİN EL KİTABI
LENİN: YAZILAR
LENİN: YAZILAR
LENİN: YAZILAR
KAPİTAL: MARX
İHTİLALİN ÖZÜ
YAŞASIN HALK SAVAŞI
AZİZ NESİN
AZİZ NESİN
KARL MARX: KAPİTAL
MAKSİM GORKİ
FELSEFE
POLİTZER
EKONOMİ
HALK SAVAŞI
HALK ORDUSU
NAZIM HİKMET
EKONOMİ POLİTİK
STALİN: LENİNİZMİN İLKELERİ
İHTİLALİN ÖZÜ
YILANLARIN ÖCÜ
SEÇME YAZILAR
YAŞAR KEMAL
MANİFESTO
MANİFESTO

Kuzgun'la böyle bilimselleşirken orda, bir kığıştıdır koptu.
Bizim Düldül araba diye
Koşulmuş bütün kumsalın önüne,
Zangırdatarak köşklerin camlarını, çerçevelerini
Ve ateşi ilk keşfedercesine
Nallarının kıvılcımından
Geçti - - Enver Hoca'ya emsal - -
Yandaki arnavut kaldırımından...

Söz, dedim o anda kendime,
Karanfili sıkıp yazacağım bunu ben,
O güneşe karşı silkinen atın tarzı
Ve mürekkep balıklarının mürekkebiyle
Yazacağım yaşadığımız bu korkunç-güzel yazı,
İster dışarda olayım, ister hapiste...

Sözümü tuttum, yazıyorum işte!

AKTAŞ-REYHANLI HATAY

Yahya Kanbolat'a

Aktaş-Reyhanlı Hatay,
Aklığı pamuk, taşlığı buğday...
Son seçimlerde oldu aynen
Bu anlatacağım olay:

Mertlik, dürüstlük ve güven,
Yani Cumhuriyetçi Dotç Partisinden
Sekiz silindirli bir aday
Teşrif etmiş il merkezinden

Ve dağıtılmak üzre köylüye
Yirmi bin küsur kaimeyi
Toslamış muhtara elden
Oylarını boynuzlasınlar diye.

O gitmiş, bir başka centilmen,
Gene Mertlik ve Dürüstlük Partisinden,
Arkadaşına kazık, basmış onbini
Mebus çıkmak için Haçlılar listesinden.

Zor etmişler 14 Ekimi,
İlle de kurtaracaklar Türk Milletini!..
Bi de yetişmişler ki er meydanına,
Aktaşlılar çoktan bitirmişler seçimi!

Can havliyle sandığa saldırınca,
Çıka çıka iki oy çıkmış Dotç'a.
Onbeş bine gelmiş demek oyun beheri!..
Ve yaldızlı boynuzları otuz bin parça,

İl merkezine dönerlerken gerisin geri,
Oflayıp pofladıktan sonra, adaylardan biri
Ah, monşer, demiş, *bu köylü kısmında*
Ne mertlik, ne dürüstlük, ne de güven kaldı gayri!..

Köylüler her zamanki gibi geçim dâvasında,
Toplanıp topal muhtarın başkanlığında,
O otuz binle helâlinden bir çeşme yaptırmaya
Bi güzel karar vermişler aralarında.

SABAH GAMI

Güneş *DO*dur, beşte doğar,
Vurur, vurur demirlere;
Kapı açıldığında en son,
Dellenir bir uzun *RE*...
Hep *FA* diye biliriz a,
Aslında *Mİ*dir fare;
Çaktırmadan, *Es* vermeden
*Sİ*mavlı kedilere,
Bir kahvaltı edişi var
Işığı kemire kemire!..
LÂ müebbet bir mahkûm,
Lâterna çalar vire.
*SOL*un haliyse malûm,
Şeytan aldatmak üzre.

RESMİ BİR RESİM

Tankın tepesinde bir Yunan zâbiti,
Başında miğfer,
Sırtında bir montgomeri,
Faşizm adına çekmiş lüveri...

HÜRRİYET gazetesinin 21 Kasım 1973 günlü sayısında çıktı bu resim. Telefotoyla yollandığı için de epiy silikti.

İşte o resimdeki Yunan zâbiti
- - Telsizle aldığı Amerikanca bir sipariş üzerine - -
Doğrultmuş makinesini,
Vuruyor resmen,
Hem de özene bezene,
Damatlık fotoğraflarını çekercesine,
Teknik Üniversite öğrencisi
Hristo ile Hüseyin'i.

İSPANYA BAŞBAKANINI ÖLDÜRENLERİN KİMLİKLERİ AÇIKLANDI

- - - JOSE IGNACIO ABEITOS GOMEZA.
Takma adı Marquin. 23 yaşında,
öğrenci. Quernacalı.
- - - JOSE MIGUEL BENARES ORDANANA.
Takma adı Argala. 24 yaşında, öğrenci.
Arrigorragalı.
- - - PEDRO IGNACIO PEREZ BEDTEGUL.
Takma adı Marga. 22 yaşında, öğrenci.
Virtorialı.
- - - JAVIER MARIA LARRESTEGUL.
Takma adı Atzulo. 27 yaşında, öğrenci.
Bilbaolu.
- - - JOSE ANTORIO URRUTIOCECHES BENCOECHES.
Takma adı **Nâzım**. 25 yaşında, öğrenci.
Mirravellesli.
- - - JUAN BALTISTA BIZAGUIRRE SANTIESTABAN.
Takma adı Zigor. 25 yaşında, işçi.
Hernanili.

24 Aralık, 1973

S1 359/N 52631

DARWIN ÜZRE

Devrimcilik gibi Şairlik de
İnen darbeyi duyabilmektir.
Kaslarının liflerinde,
İster copların darbesi olsun,
İster bilincin...
Gelerek, binbir işkenceden
- - İnsanlık gibi tıpkı - -
Çığlıklarla türeyen Devrimci Şiir
Giderek, sömürüye ve zulme
Karşı akımıdır Sevincin...

Hani Gayret Tepe'den
Verilip verilip de
Dal bedenlerimize elektrik,
Tam tükendiğini sandığımız yerde direncin,
En çelimsiz kızımızda bile baş veren
O silkiniş var ya,
O türkü, o öfke, o erkeklik
Kıvılcımlarla üreyip güçlenecek,
Güçlenecek yarın bamtellerimizde,
Güçlenecek,
Güççlenecek,
Güçççlenecek...
Ve de birden tepti miydi geriye,
Tepti miydi o yüklü yürek
Gözüne, yuvasına, kaynağına zulmün,
Bir gökgürültüsüdür, bir şimşek,
Bir sevinçtir akıp gidecek
Şebeklerin sigortası atıncaya dek!..

İşte böyle bir şiir bizim yazmak istediğimiz...

SOYUT ŞİİRE SAVUNMA

Bi sen misin, başka tazı yok mu yâni kocayan,
Dalmışın gözlerinle bituhaf, tuz göllerine!..
O yavşanlar arasında yarıştığın tavşandan
Bir bok da olsa kalan, bileceksin kadrini!

Bi sen misin, başka ozan yok mu yâni kab'zolan!..
Uvunup duracağına, soyut şiir yaz be adam!

MÜDDETNÂME

Hayır habermiş meğer, ağrıdan
kopar gibi oluşu eklemlerimin,
Aylar var ki ağırdan ağırdan
bir değişim geçirmekteymişim...
Masalları bi ansıyın hele,
cazılı bir süreçtir her mucize,
Dövme bir güldür ki, iğnelerle
cazır cazır işlenir tenlerimize,
Vak't erişip lâkin açtı mıydı da
bilincimizde alyuvarlı resmi,
Şıp diye erdim sanırsın murada
unutup bütün çektiklerini...
Hem ne varsa halklar tarafından
yaradılmış, yâni halkedilmiş,
Ve ne getirdiysek Dağın Kafından
aşk, dil, bilim, çağdaş teknik ve uğraş,
Hepsi de kan, döl ve ter dökerek
hakedilmiş mucizelerdir...
Eskiden kötrüm bir ozandı bu gerçek,
onu yürüten şimdi bu dizelerdir...

Hayır habermiş meğer, ağrıdan
kopar gibi oluşu eklemlerimin,
Aylar var ki ağırdan ağırdan
bir değişim geçirmekteymişim...
İçindeki duvarları yık yeter ki,
dıştakiler kolay! diyordu Gorki,
İçerdeki adamın içindeki
çekiye gelirmiş gibi sanki!..
Baksana, içeri ilk düştüğümde
başıma üşüşen malta taşları,
Ve aşarken duvarı, firar düşünde
yakalandığı için arkadaşları,
Voltamı kesip hırsından üstüme
kir-kan işeyen o kirpi güneş
- - Değmez döşünde büyüttüğüne! - -
çoktan gününü bitirip gitmiş.
Kaldı ki o esrarkeş ve serkeş
sardunyanın encâmını da gördün,
Sabah safası sayılmaz be kardeş
mor picamalarla Sinoba sürgün!..
Yattıkça hapis denen bu uzun,
bu kapalı, bu karanlık şiiri,
- - Koyver, dışarda maneje dursun
nazmın Nâzım olmayan süvarileri! - -
Anladım, mahkûma Köroğlu değil,
Kör Veysel ayağı daha uygun,
O yüzden de ayaklarımla değil,
parmak uçlarımla yola koyuldum...

Duvarlar devreden örümceklerim
söktükçe bu taşbasması metni,
- - Sırf yaşama şevkiyle Kelebek'lerin
sökmez bu, demek istiyorum yâni! - -
Ve yavaş yavaş düştükçe bu kale,
bu allahın-cezası cezaevi,
"Hayvan ve Gardiyan" öyküleriyle
bu dört başı zincirli mesnevi,
Beddualar bitip dile geldikçe
bent bent, fasıl fasıl ve çığlık çığlık,
Bir kaynaşma olur içten içe,
eller arasında başlar yakınlık.
- - Meselâ, Recep Ustayla şu anda
gülüşüyoruz ranzadan ranzaya,
Demek ki bu leş gibi kokan koğuş da
dahil bu değiştireceğimiz dünyaya! - -
Bitişikte bereket ki kaynıyor
fasulyelerle nohutlar mışıl mışıl!
Seni azı düşleri iyiye yor,
bu aş pişecek daha bi fasıl!..
O en gümrah demlerini bile
sıfıra vurdursalar da ne gam!
El değil ki Antepli bir hergele
copla uykularına giren Bayram!..
Pis pis sırıttıkça sıvanın altından,
- - ister gül, ister güldür güldür ağla! - -
Taşucu'ndaki güneş saltanatından
derlenmişti, düşün, bu kötü tuğla!..

Bir kuş ki gelip parmaklığa konmuş,
ne bilsin neye iy'dir o demir!
Bilse konar mıydı o parmaklığa kuş,
bilse neden böyle eğri o demir!..
Çıktım ki bizim bölüğün damına,
hayret, bütün kiremitleri tamam!
Bi fiske vurdum *DAM*ın anlamına,
bi tek kiremit kalmadı sağlam!..
Eski bir tavlaydı Toptaşı ama
hapis oynardık bari aylığına;
Modeli New Jersey'den aşırılma
Adanadaki bu modern barhana
Türkçe sözlerden hep, bile bile
yanlış kurulmuş bir cümle yapısı;
Hem sade bu değil ki, bu bilcümle
yanlış arasında bir cümle-kapısı...
Bir Kel Fatma gibi kaba kâğıttan
İnfazda kabarırken ceza müddetim,
Yaşlara yelkenli saldım ağıttan
Deniz'e dek gider diye niyetim...

Hayır habermiş meğer, ağrıdan
kopar gibi oluşu eklemlerimin,
Aylar var ki ağırdan ağırdan
bir değişim geçirmekteymişim...
El bebeler, gül bebeler bir süre
kendi elleri değilmişçesine
Işığa doğru çevire çevire
ve hayretle bakarak ellerine,
- - Gücünü tüm bu işe verdiği için,
çözüp en gücünü bilmecelerin - -
Nasıl sezerse öyle için için
o tozpembe uçuşlu serçelerin
Kendi om'zundan kanatlandığını;
yeniden yeni-doğmuş gibi ben de
- - Unutup Tecritde soyutlandığımı - -
gözü yaşlı bir duvarın dibinde
Alırken sağır kapının ahını
gülücükler açan bir maymuncukla,
- - Az mı kestik Gart Şükrü'nün iflâhını,
Can'dı adı, yankesici çocukla! - -
Ve kazırken sonra kanıra kanıra
göğsüme yönelmiş namlunun yivini,
Kurşun döktüm olmalı ki kâzâra,
canevimde duydum cezaevini!..
- - Ölüm çözüm değil bu muammaya! - -
Tezelden erişti sağlık haberim,

Bi baktım, başladı Canlaşmaya
kafes kafes, telörgülü gözlerim.
Ağlarda bir yıldız göründü ilkin,
dert oldu içime, ne kadar yalnız!
Rastladım sonra çişe giderken,
aynı kurrânın eratıymışız!
Bu höcre de kirvem, kankardeşim dünden,
yaşasın içinde gebermişliğim!
Ben gayrı bu plâzmalarda yüzen
aydınlıklar yüklü bir çekirdeğim!..
Sonunda ol kalenin bedenleri
bedenimle öyle bir oldu ki benim,
Bundan böyle zulmü bendedenleri
sıkıysa kalebend etsin yönetim!..
Gerçi onlar da işin farkındalar ya!
Boşuna değil elbet bu "Af" bolluğu!..
Ilgar eyledi bir dev kaplumbağa,
kursağında daim tutsak olmuşluğu.
Sırtındaki kambur değil, zindanı,
duvar, demir, pranga ve bukağı.
Sırtlamış cellâdı, Rıza gardiyanı,
sırtlamış "müebbet" sanılan bir çağı,
Yürüyor, yürüyor bir dev kaplumbağa,
- - dev bir ekmek ki kızarmış kabuğu - -
Ağır ağır yürüyor aydınlığa,
yürüyor Özgür Bir İnsanlığa doğru.

Duymadık demeyin, dışardakiler,
büsbütün bir millet oldu sayımız!
Sözüm size, ey Başı-dardakiler,
sizin de *Kurtuluş Olsun Çayınız!*

13 Şubat, 1974

Müddetnâme: Hükmü kesinleşen mahkûmlara cezalarının süresini ve ne zaman biteceğini bildirmek üzere idarece verilen belge.
İnfaz: Cezaevlerinde resmi işlemlerin yürütüldüğü ve dosyaların saklandığı büro.
Kurtuluş Olsun Çayınız: Mahkûmların aralarında çay alıp verirken kullandıkları bir deyim.
Tecrit: Mahkûmun disiplin cezasına çarptırıldığında tek başına kapatıldığı höcre.

LORCA'YA SAYGISIZLIK

Su kadar çıplaktı Kadın
Ve akar gibiydi ak yatağında;
Karnının düşlerinde yüzen
O eflâtun nilüferi saymazsan,
Belki sudan da saydam...
Lâkin Lorca'nın ruhu değil be kardeşim,
Lorca'nın ruhu değil ki
Bu zilhayalin başını bekleyen Ozan...
Adana zindanında,
Adana zindanında
Yandım,
Yandım,
Yanarım aman...
Adana zindanında,
Adana zindanında
Al itfaiyesiyle dilinin
Kendi yangın kulesini yalayan
Kara bir boğadır Zaman

LAZARUS
RUS DEĞİL,
LÂZDI

Çalpara çalmıyor diye aç ayı,
Islav belleme sakın Acıyı!
Çapulanla dinle Lâz damarındaki
O ağzı çarpuk darbukacıyı!
Tepeden tepeye uyy yandu ateşler!
Hamsi celiyimuş!.. Er eriştu haber...

Zindan da ne ki! Bir ay karanlığı,
Karakoncolosun sütanalığı,
Ve Ashâb-ı Kehf'in zıbardığı o
Mağaraya emsal bir dölyatağı!..
Ne havliysun, Kitmir? diye uyanmış Mernuş.
Sen ağlamiysun da, cüliysun'len puşt!..

Bu çakır sulardan kaynıyan kuyu,
Bu çevrisine düştüğün gayyâ
Aslında gökyüzüne çevrilmiş bir namludur
Azaplarla günaydınlar apartmaya.
Doğrulttum çiftemu da pakti pa'a karşiden,
Vuruldum pir cerene pir çift cözyaşı ilen.

Canına tak der diye çoook bekler o takalar!..
Keten göynekleriyle seyirttikçe dalgalar
Dik-ağaç-dörtgeni etrafında Anadolunun,
Bu hamsi denizinde senin de bi tuzun var!..
Canine tak mi dedu, ne tekliysun be taka?
Ölü cözün pen açtum caninu yaka yaka!..

Lazarus: Hazret-i İsa'nın ölüden diriltiği fıkara.
Çapula: Lâz pabucu.
– Doğu Karadeniz'de hamsi akını haberi kıyı boyunca tepeden tepeye yakılan çoban ateşleriyle yayılırmış eskiden.
Karakoncolos: Umacı.
Ashâb-ı Kehf: Roma İmparatoru Decius zamanında (249-251) Hıristiyanlara karşı uygulanan zulümden kaçmak üzre, Tarsus ya da Efes'te bir mağaraya sığınıp 300 yıl uyuyan yedi genç... *Mernuş* bunlardan biri, *Kıtmir* ise köpekleri. İlk uyanan Mernuş ekmek almak için çarşıya indikte, satıcıya verdiği sikkenin çoktan yürürlükten kalkmış bir para olduğunun göze batması üzerine ardına düşenler gizlendikleri mağarayı bastıkları zaman, içerde yedi kuş yavrusundan başka bişey bulamamışlar.

SABAHATTİN EMMİ İÇİN

Akşamüstü
Beş buçuk altı sularında
Arabam kırılmış, yatıyordum betonda
Çekirdek yiyerek efkârımdan,
Dalmışım mavinin avarasına...
Bir uçurtma çıkıverdi.
Bir uçurtma... aman! aman!..
Avlu duvarlarının telli objektifine
Salına salına onur verdi...

Mahkemeye son anda yetişmiş,
Yine de telâşsız
Ve alabildiğine ciddî
Bir görgü tanığı gibi...
Ve çayırların, çocukların, gelinciklerin
Dünyada hâlâ var olduğuna dair
Yeminli (yâni üç kez kuyruk attırarak)
Ve de allı yeşilli
İfâdesini verip
Yine geldiği gibi salına salına
Ve alabildiğine ciddî,
Avlu duvarlarının telli objektifinden
Çıkıp gitti...

Arabamın atları deh deh aman da!..
Uçurtmanın aşkına ayağa kalktığımda
Sabahattin Emmi'nin öldüğü geldi aklıma,
Bir volta da onun için attım, sonra bir volta daha...
Arabamın atları tıkıtak tıkıtak betonda...

TÂBİR İÇİN BİR RÜYA

Hiç mi sabah görmedik yâni!
Böyle yeşil gökyüzü mü olurmuş!
O karpuzu hangi dürzü astı oraya?..
Vur bıçağı, bakma yaşın gözüne!
Çal bıçağı parmaklıklar arasından
Ki yarılsın çil-çubuklu kabuğu
Çatırdaya çatırdaya!..
Vur pençe-i Alî'den şemşir aşkına!
Vur ki çıksın,
Çıksın gayrı ortaya
Kuyu-yeşil hapislere sığmayan,
Kan-dâvalı,
Delikanlı
Kızılbaş!..

damdan damlaya damlaya
göl olmaz ya

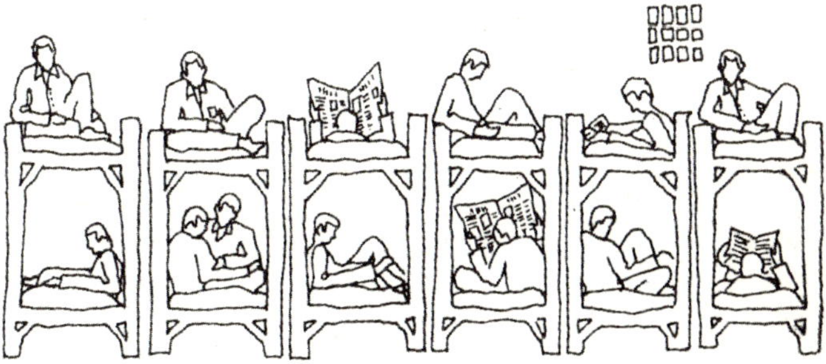

BİR

Bi sağ yanıma yattım, geçti beş yıl,
Bi de soluma yattım, etti mi on!
Hadi kalk, dediler, *bitti bu fasıl!..*
Hay allah kahretsin, uyanamıyom!

10 Nisan, 1973

İKİ

Yarın pazar, sokağa çıkma yasağı var,
Seçim kütüklerini dolduracaklarmış...
Kıyamet kopmaz a,
Yarın da sokağa çıkmayıveririz, canım!

ÜÇ

Biliyor dostlar benim volta atmaktan hazetmediğimi,
Matrak olsun diye çağırıyorlar yanlarına;
Başımla *Aah* deyince ben, gülüşüyorlar.
Sonra bir Veysel Karânî edâsıyla
Yeniden düzülüyorlar yola,
O helâyla orta-kantin arasındaki tam yirmi iki buçuk
adımlık kervan yoluna.
Ben de kemal-i tâzimle su döküyorum arkalarından...

Dışarda da biraz böyleydi zâten,
Aptestten çok namaz kılardı bizim ihvan...

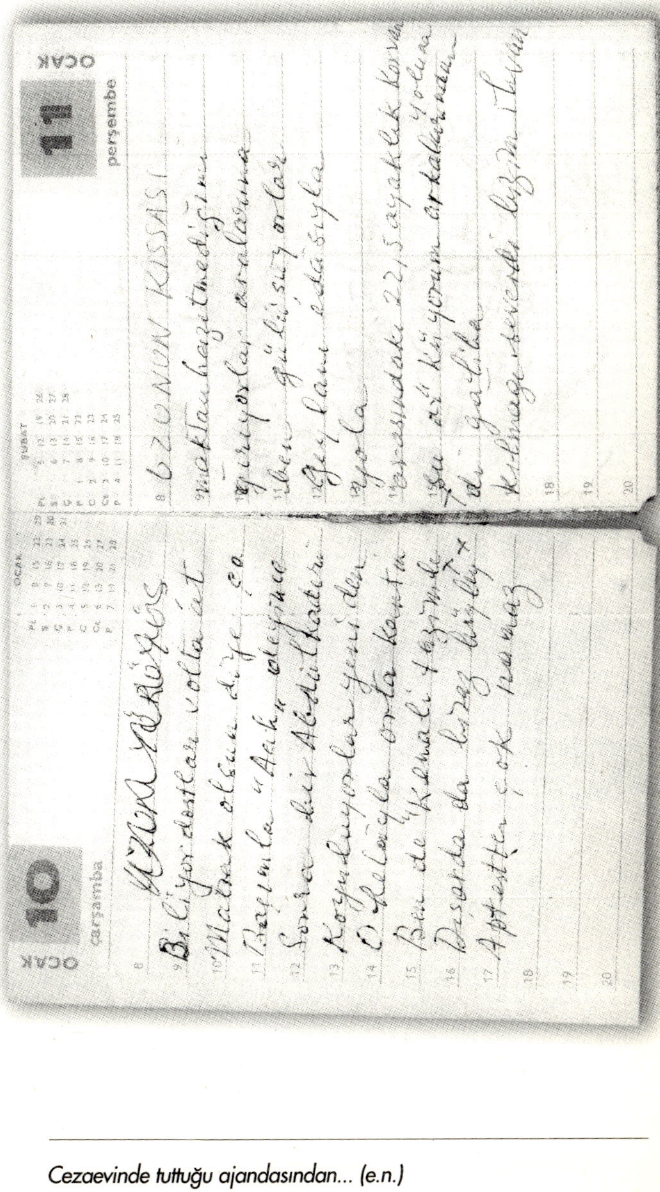

Cezaevinde tuttuğu ajandasından... (e.n.)

DÖRT

Koridor üzerindeki pencerelerden birinin içine tünemiş,
Onikinci koğuşun avlusunda voleybol oynayanları
seyrediyorum:
Köylüler top değil, toprak keseğiymiş gibi nereye
rastgelirse savuruyorlardı topu,
Çaycı da kırmızı camdan çiçekleriyle ürkek bir tavşan
gibi seyirtiyordu...
Biri seslendi birden,
Baktım, ağır makinistlerden Hacı Avcı.
Aklım kesti, dedi, *yatarsın sen bu cezayı!*
Nerden icabetti bu lâf pek anlayamadım ya,
Oturduğum yerde şöyle bi doğruldum;
Yaşar Kemal işitmesin, ama
Nobel kazanmış kadar oldum.

Ağır makinist: Ağır cezalı mahkûm.

BEŞ

Af bir âtıfettir,
Şartı bunun nedamettir,
Nedamet de hiyanettir,
Hiyanet de fazilettir,
Fazileti Faşizmin...
Hiiiç merak etme,
Bunlar eveleye geveleye böyle,
Eninde sonunda "Af"fı verecekler bize.
Amaaaa
Biz onları,
Biz onları affetmeyeceğiz, azizim...

Nisan, 1973

ALTI

Geçen gün, görüşe gelenlerin isimleri okunurken
hoparlörde,
Otobüs terminalleri düştü aklıma;
Aynı çatlak ses, aynı nalça ağız:
Adanadan İstanbul istikametinde gitmekte olan Gazanfer
Bilge Turizm Otobüsü yolcuları, otobüsünüz hareket
etmek üzredir...
A, baktım, şaka-maka derken, daldırıp gidiyorum
İstanbul istikametine!..
Tıh! Tıh! Tıh! Tıh! Tıh!
Sıçmışım ben böyle 1930 modeli ranzayla çıkılan İstanbul
seyahatinin içine!

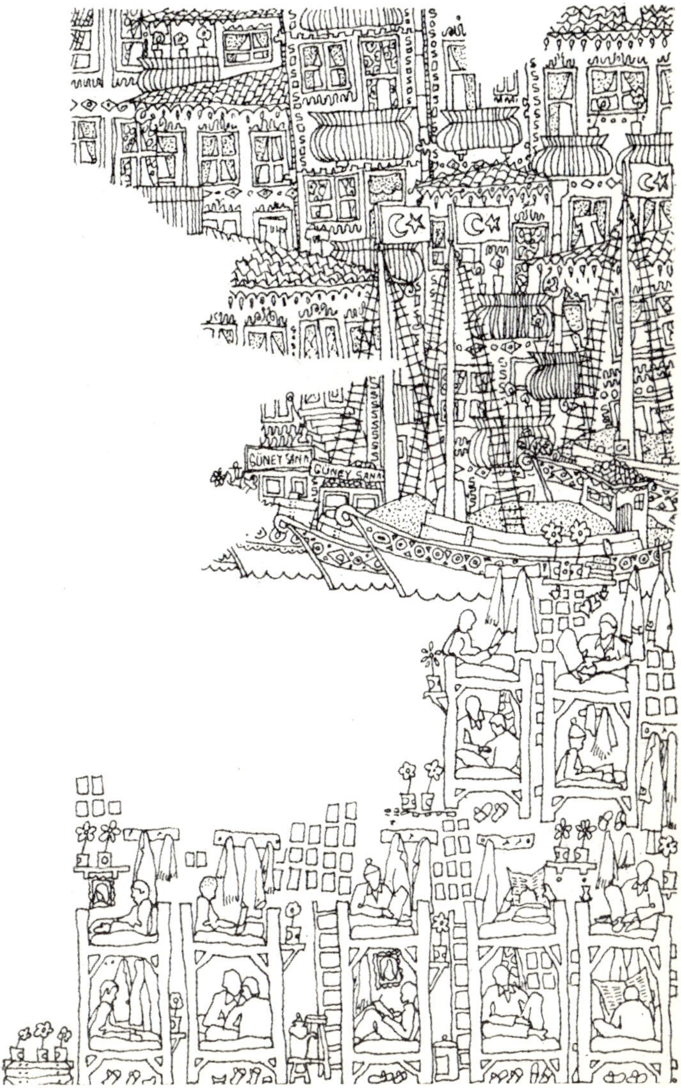
GÜNEY SANA
GÜNEY SANA

YEDİ

Gazeteci bağırıyor:
Af vaar, afyon vaaar!..

SEKİZ

Bugün Ondokuz Mayıs,
Mayısın ondokuzu!
Sen ey Türk istiklâlinin koruyucusu,
Sen ey ülkemizin geleceği,
Ulusumuzun gözbebeği,
Sen ey demirparmaklıklarda barfiks yapan,
Ranzalarda parende atan
Sportmen ve kahraman Türk Gençliği,
Önünde senin bütün Kilit-bahirler açık,
Ama herzaman Samsun'a çıkılmaz a,
Bu sabah da avluda volta atmağa çık!

DOKUZ

Mahkemeden döndüler.
İddianâmeyi okumuştu savcı,
Yüz-altmış-sekiz'den mahkûmiyetlerini istiyordu...
T.C.K.'yı buldular:
Her kim 125, 131, 146, 147, 149 ve 156 ıncı maddelerde yazılı cürümleri işlemek için silâhlı cemiyet ve çete teşkil eder yahut böyle bir cemiyet ve çetede âmirliği ve kumandayı ve hususî bir vazifeyi haiz olursa, on seneden aşağı olmamak üzre, ağır hapis cezasına mahkûm olur. Cemiyet ve çetenin sair efradı beş seneden on seneye kadar ağır hapisle cezalandırılır diyordu 168 inci madde.

ÖLDÜLER, DİRİLDİLER ÖLDÜLER...

Derken en küçükleri,
Sahir,
- - Onsekizinde ya var, ya yoktu - -
İşe bak, dedi,
İlkokulda da benim numaram yüz altmış sekizdi!

Hepbir ağızdan GÜLDÜLER...

ON

Dışardan gelen haberler berbat:
Bir yandan pahalanırken hayat,
- - Fiyatlar FİAT, ücretler PERMEŞAT! - -
Bir yandan da ucuzluyor memat,
Bir imzaya bakıyormuş kontur-gerilla ile üç aylık kontrat!..
Görüşe bir hanım geldi geçen gün,
Teselli için söylemiyorum, vallahi, dedi,
Dışarıya göre, emin olun, sizin burası saltanat!
Meselâ, hiç imkân var mı, efendim, şu çayı...
Telörgüden süzülen ışığa tuttu bardağı,
Dışarda...
Dayanamadık artık, bastık kahkahayı.
Canım, biliyoruz, diye üsteledi,
Biliyoruz, içerde de vaziyet bombok!
Bombok ama,
Hiç değilse içerde içeri düşme tehlikesi yok!
Düşündük sonra arkadaşlarla
Ziyaretçi hanım haklı çok...

ONBİR

Ben utangaç tabiatlı bir adamım,
Küçük kızım Su'ya bakmayın siz,
- - Ona göre ben, o'oohh!.. yumuşakbaşlı bir kaplanım! - -
Ciddî söylüyorum, fena halde utangacımdır.
Hele biri beni eskaza övmeye başlasın,
Resmen kızarır, bozarırım...
Delikanlıyken daha da berbattı ya:
Babam sofrada,
Şu yazdığın şiiri amcalarına oku, bakalım, dedi mi,
Handiyse masanın altına saklanırdım...
Ama şimdi,
Mapusa düştükten sonra,
Sağda-solda hakkımda çıkan yazıları gördükçe,
Utanmak nerde,
Yadırgamıyorum bile.
Biliyorum çünki
Benim için yazılmış değil,
Özgürlük uğruna mapus yatan bir ozana düzülmüş
o övgüler...
Yine de bazen,
- - Bazen dediysem, hani iki-üç haftada bir - -
O özgürlük uğruna mapus yatan ozana
- - Belki buranın havasından, suyundan - -
Bi parçacık benziyorum kanısına kapıldıkça,
- - Huylu vazgeçmezmiş ya huyundan - -
Bir pembelik yayılıyor yanaklarıma,
Belli-belirsiz ama...

ONİKİ

Yılmaz Güney'in filminden kapıp getirdiler Siyasî Koğuşa
Garip Güzel'i
Hayvanına "deh" diyeceğine, yanlışlıkla hükümete "çüş"
demiş...
Aksak ayağına emsal, sekerek anlattıklarından anladığım
kadarı:
Halde arabacılara hasım giden kamyoncular Garip'in
başını yemiş;
He-mi kamyoncuların komisyoncusu aleyhindeki en birinci
şahit,
Şikâyetçi polis de onlardan tarafa ait...
Ne ki, sekiz bebe var evde yolunu bekleyen,
Karısıyla hayvanı hariç;
Hepsi de şincek konu-komşuya muhtaç...
Üç aydan önce çıkaman, dediler. *Boşuna dellenme heç!*
Dellendiği yoktu zâten,
Yanlışımızı belledik, dedi. *Üst yanını geç te...*
Töbe gayrı "çüş" demiyece'm!
Fekat... Madem öyle istiyorlar, de-mi-ya, yeğen,
Biz de dehleriz onları güzünki Seç'te...

Olmayan kırbacını şaklatmak için tam kolunu kaldırmışken,
Lâkin... diye durakladı, *güçtür bu hükümata lâf*
anlattırtmak...
Ya biz dehliyoz derken, onlar çüşleyiverirse ne yapak?..
Telli kardeş bastı kahkahayı, baskın verircesine İsrael'e
Tevekkeli, dedi, *Siyaset'e atmamışlar bizim Garip Güzel'i!..*

Siyaset: Sıradan mahkûmlar arasında *Siyasî Koğuş* anlamına kullanılıyor.

ONÜÇ

Uzanmış yatıyordum,
Öğlen vakti.
Bizim semtin reisinde sıcak,
Köpek gibi soluyorum yattığım yerde.
N.B. geldi.
Belli, yine bozuklardan çalıyor.
Üç gündür devedikeni bürümüş gözlerini,
Nereye baksa, dalıyor...
Sigaramı versene! dedi.
Nerde? dedim.
Görmüyor musun? dedi, *yatağımın başucunda!*
Yatağının ayakucunda buldum paketi.
Al, dedim, *silâhını!*
Bi hışımla kaptı elimden.
Kurala uygun kazılmış bir boy siperine girercesine
Karşı duvarın dibine çöküp
Ateşledi sigarasını...
Birini vurdu, ama kimi?
Beni mi?
Kendini mi?
Anlayamadım...

ONDÖRT

Em. ORG. Gürler'e

Karakaşlı bir bulut geldi, geldi, geldi, geldi...
"Gürledi, ama yağmadı" değil,
Yağmadı, ama gürledi gitti.

Haziran, 1973

ONBEŞ

Hak'katen fıraklıydı Müdür Beyin vedâ konuşması:
Filhakika burda beş yıldır hazırladığı
Ve Vekâlet-i celileye rapor halinde yazdığı
Islahat ve reformlarda kalmıştı aklı.
Lâkin, dediği gibi, ehemmiyetli değildi Antep'e nakli,
Memuriyet bu, efendime söyleyim,
Vazife ahlâkı...
Yine de üzülmekte yerden göğe haklı,
Çünki taa 1945 senesinden beri
Cezaevi müdürü olarak,
Biz, kader kurbanı evlâtlarını islah edeceğim derken,
Kendini ıslah etmeğe hiç vakit bulamamıştı zavallı...

ONALTI

Yüzlerini görüyorum çökertildiğim yerden,
Ziyafete konmuş gibi sırıtkanlar;
Sade bi tanesi, Kozanlı bir gardiyan
Ellerini bağlamış, dineliyor kapının dibinde.
Çekiniyor sanki sofraya oturmaya
Çağrılmadan.
Öbürleri Müdürün "tanzim ettiği menü"ye göre
Siftah etmişler çoktan,
Daha seçkin lezzetlerin peşindeler artık:
- - Meselâ Başoğlu gibi bir zındığın "Allah-Allah" diye haykırması, Ökkeş'in dal bedeniyle "ekose levrek balığı" gibi kıvranması, ve meselâ benim oraya getirtilip, bir-iki süzme hakaretle sözde yaşıma hörmeten salıverilmem - -
Parmaklarını görüyorum yattığım yerden,
Cobun sapına dolanan yağlı parmaklarını...
Kollarını görüyorum - - bir alay akbaba kanadı - -
Kimi inip, kimi kalkıyor...
Göremiyorum gagalanan tabanlarımı,
Parçalanmış bir çift tavşana dönmüş olmalı...
Kendi sesimi duyuyorum derken:
- - Bilmem kaçıncı darbeden sonra - -
Ağrısı sıklaşan bir ananın feryadı,
Nurtopu bir selâm gibi sarkıyor yarınlara...

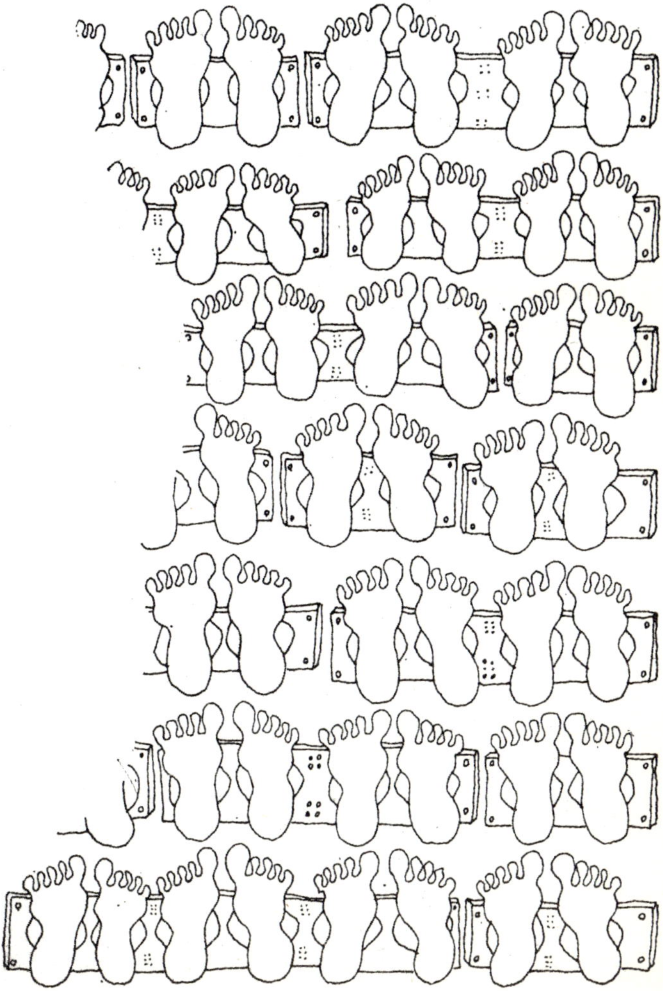

ONYEDİ

Burası dipkapalı,
Tabanı su, tavanı çemen...
Sekiz gündür seyrandayız...
- - İkisi ağır, onbir yaralı,
    Tamamen idiot'lojik bir maraza yüzünden - -
Romatizmaya epiy yakın bişey olmalı ki romantizma,
Küherçileli duvarlara baktıkça,
Sevgilimle mantar toplamağa çıktığımız günler geliyor
aklıma...
Yalnız bu kadar münbit, bu kadar sulak bir yerde
Su dökecek bir hendek veya ağaç arkası bulunmaması
tuhaf...

Diyeceğim, kapının herdaim üstümüze kapalı durduğuna
bakarsan,
Sıkıştıkça, devlet kapısına başvurmamız olağan, değil mi,
İki saatte bir en azından?..
Anlatabilirsen anlat bunu Piç Feyzullah'a!
Helâ bekçisi değil ya, kendisi şerefli bir gardiyan!
Siz hep kendinizi düşünüyorsunuz, diyor haklı olarak,
Midem bulanıyor, diyor, *buranın kokusundan...*
O yüzden herhalde, öğlenden beri görünmediydi;
Hal kalmamış hiçbirimizde,
Saat hiçyoksa yedi,
Bir yandan sıcak, bir yandan büyük-küçük aptest derdi...
Sayım zamanı muhakkak gelir, açarlar kapıyı, deyince
ben,
Başoğlu kocaman bir tırtıl gibi kıvranıp durduğu yerden,
Hayatta hiç bu kadar sayılmak istememiştim, dedi.

İdiot: Fransızca *alık.* Okunuşu *idio.*
Sayım: Gardiyanların akşamları topluca gelip, mahkûmları sayıp, "Allah kurtarsın" diyerek koğuş kapılarını kilitlemeleri töreni.

ONSEKİZ

Nem varsa şu mahzende,
Yatağım,
Yastığım,
Donum,
Gömleğim,
Sigaram,
Kibritim,
Kitabım,
Ellerim,
Gözlerim...
Nem varsa şu mahzende,
Nem varsa,
Nemli filân değil, düpedüz ıslak!
Yâni şu geçirdiğim on gün var ya,
On ay eder su içinde!

10 Eylül, 1973

ONDOKUZ

Felcederim seni! diye haykırıyor adam.
Felç edecekmiş beni,
Anarşistlik edip bidaha *falaka şiiri* yazarsam...
Derken suratının şakında "burun" diye gezdirdiği o
korkunç dikeni
Üstümde yakalanan kâğıda daldırıp çıkardıktan,
Ve gözlerinin idare lâmbasını bi miktar daha kıstıktan
sonra,
Utan! diye höykürüyor. *Yaşından, başından utan!*
Şarap imal ettiğin yetmiyormuş gibi, bi de iftira ediyorsun
bu fıkaralara!..
- - Dönüp yüzlerine bakıyorum: Başgardiyan Rıza ile
Kuru Hasan,
Yeni yumurtadan çıkmış iki keklik yavrusu kadar
mazlum ve mâsum,
Ağlayacaklar, dokunsam...
Kaldırıp elimin altındaki sandalyeyi kafalarına
çalmak geliyor içimden, kendimi zor zaptediyorum - -
Sizin için ne diyor bu, biliyor musunuz? "Akbaba" diyor,
"akbaba"!..
Ve âniden, sol elindeki kâğıda sağ elinin tersiyle bir
hükümet darbesi aşkedip, okumağa başlıyor
falaka şiirini...

- - Böylece suçumu olanca ağırlığıyla çarpıp yüzüme,
oracıkta kahretmek istiyor beni galiba - -
Tarzı bihayli kadim ve hâmâsî de olsa, fena okumuyor hani;
Meselâ: "Ziyafete konmuş gibi sırıtkanlar" dizesini
okurken, özellikle sırıtıyor acı acı...
Giderek, bütün kendini-beğenmişler gibi kendini kaptırıyor
kendi sesinin sihrine...
Ve taa neden sonra ayıp, o ziyafeti düzenleyen
Müdürün kendisi olduğunu hatırlayınca,
Utançla hınç karışımı, saydam ve ıslak bir perde iniyor
gözlerine,
Fırlatıyor kâğıdı elinden, devletli burnunu ağzının
kaldıracıyla ortanın sağına aktararak...
Yazdığımda en ufak bir yalan var mı? diyorum.
Farketmez! diye celâlleniyor. *Benim cezaevimde böyle
şeyler yazmak kesinlikle yasak!..*
*Ama ben de bir insan olarak, dilediğimi düşünmekte ve
yazmakta hürüm,* diye ısrar ediyorum.
Sen insan filân değilsin! diye kükrüyor. *Mahkûmsun sen,
mahkûm!..*
*Ezerim, felcederim seni, hele bidaha böyle
münasebetsizlikler yazmayı dene!..*

Ve harika bir "Defol!"la bitiyor bu hayatta görüp
göreceğim en olumlu, en parlak eleştiri...
Dahası var: Cırcırlı'dan Kapıaltına geçerken artık, silâh
yerine,
Şiir arıyorlar üstümde o günden beri...

Cırcırlı: Cezaevinin iç bölümleriyle İdare bölümünü ayıran ve bir ray üzerinde kaydırılarak açılıp kapanan büyük demir kapı.
NOT: Hakbilirlik gereği olarak belirteyim ki, İktidarın değişmesiyle Müdür Bey de değişti, bize daha ölçülü davranmağa başladı.

YİRMİ

— Burdan ne kadar çeker, dedi, denize? Bursa'dan yeni gelen işçi arkadaş Recep Anıl.
— Otomobille yarım saat çeker, dedim. Yayan da iki buçuk saat... Benim cezamla dersen, aşağı-yukarı dokuz yıl.

YİRMİBİR

Ne kadar da çok mahkûm var şu gökyüzünde!
Hepsi de müebbet... bizim Osman gibi...

YİRMİİKİ

Ben hele şu duvarları aşayım da bi,
Sen arkamdan öt ötebildiğin kadar,
Sayın düdüğüm benim!..
Düt!..
Dü
  üt!..
Düü
   ü
   ü
    üt!..

Dü
ü
ü
ü
ü
ü
üü
ü
ü
ü
ü
ü
ü
ü
ü
ü
ü
ü
ü
ü
ü
ü
ü
ü
ü
ü
ü
ü
ü
ü
ü
ü
tttü
ü
ü
ü
ü
ü
ü!..

YİRMİÜÇ

Abdullah duvarın dibine oturmuş, boncuktan bir süs yılanı
örüyordu,
Baş tarafı bitmemişti daha...
Halo Dayı çıktı geldi,
Gözlüklerini dürbünleyerek, Abdullah'ın elindeki o
alelâcayip nesneye baktı, baktı, baktı...
Bir kahkaha kopardı derken, ıslık azmanı bir kahkaha...
Moorre! dedi, *Moorre!*
Kurmanç diliyle,
Uzun bir "o" ve sonu "a"ya çalan uzun bir "r"
"M-O-O-R-R-E"
Ve simsiyah bir yılan Cûdî Dağından
Simsiyah bir yıldız gibi kaydı,
Daracık vadilerden süzülerek sınır aşırı,
O Zaho denen yemyeşil düzlere...

YİRMİDÖRT

Fahir Dayı Yunan uyruklu, Gümülcineli.
Bakma, aslında topumuzdan çok buralı.
O bizler gibi sonradan değil çünki,
Anadan-doğma vede hilkatten çileli.

Sipsivri garibimin kafası,
Tüy tekmil kulağının arkası.
Bi de kanadı olaydı, allahıma,
Uçtu gittiydi damdan yarasa.

Ayağ'nın biri çabuk, biri çarpuk,
Biri Kuzeye ise, öbürsü Güneye bakık.
İzini sürelim dediydik bigün,
Döne döne feleğimizi şaştık.

Gereği düşünüldü:

Türk asıllı ve Yunan uyruklu olan sanığın 1966 yılında Gümülcinede ikamet ettiği sırada ilişki kurduğu Yunan İstihbaratı Teşkilatı (KİP) na mensup Hiristo Anjelikas vasıtasiyla vaki casusluk teklifini kabul edip bu hususta yetiştirildikten sonra bilgi istihsali ve hizmet ifası için Türkiyeye gönderildiği ve sık sık tevali eden Türkiyeye geliş ve dönüşlerinde yol güzergâhlarındaki sabit ve hareket halindeki askeri birlikleri, tankları, motorlu araçları, silâhları, teçhizatları, askeri kamyonları ve araçların plâka numaralarını tespit ederek Yunanistanın İstanbuldaki konsolosluk kâtibine verdiği sanığın Milli Emniyet Makamların ve Askeri Savcılıkça tespit edilen ikrarından üzerinde yakalanan ve arkasında kendi elyazısıyla yazdığı bilgileri ihtiva eden sigara paketinden tespit ettiği bu bilgileri vermiş olduğu Yunanistanın İstanbuldaki konsolosluk kâtibini 14 adet fotoğraf arasından teşhis etmesinden ve bu delillerin tahlil ve münakaşasından mabul idiydiğine ve bu kabul şekli dosya muhteviyatına da uygun bulunduğuna; doktrinde casusluk bir devletin menfaatine başka bir devletin askeri, siyasi ve iktisadi durumuna ilişkin bütün gizli bilgilerin ve belgelerin araştırılması sağlanması ve yabancı devlete ulaştırılması olarak tarif edildiğine; maddi olayda "gizli kalması lâzım gelen malûmat şeklinde tanımlanan Sır unsurunun mevcudiyeti yetkili makamın mütalâasına ve mevzuun mahiyetine göre mahkemece takdir ve kabul olunduğuna ve mahiyeti itibariyle sır olan bir belge veya şeyin ilgili makamlarca himayesiz bırakılması onun sır olmasını engelleyemeyeceğine; malûmatın istihsal edilmesi yani öğrenilmesiyle suç tamamlanmış olacağına; mezkûr malûmat hassatan askeri casusluk kastı ile ve tesadüfen olmaksızın gayret ve mesai sarfederek istihsal edildiğine; binnetice dava konusu olayda sanık devletin güvenliği veya milli veya milletlerarası siyasi menfaatleri bakımından gizli kalması lâzım gelen bilgileri siyasi ve askeri casusluk maksadıyla gayret ve mesai sarfederek istihbal ettiğine ve fiilen memleketin harp hazırlıklarını veya harp kudret ve kabiliyetini veya askeri hareketlerini tehlikeye sokacak derecede olmadığı dosya muhteviyatından istihraç ve takdir edilebildiğine binaen; mahkemece delillerin tahlil ve değerlendirilmesi neticesi ve Askeri Yargıtay Daireler Kurulunun 21-1-1972 gün ve 1972/8-9 sayılı kararına uygun surette casusluk suçunun maddi ve manevi unsurlarının oluştuğu kabul edilerek sanık hakkında As. C.K. nun 56/1-A maddesi delâletiyle T.C.K'nın 133/1, 69, 31 ve 173'üncü maddelerine göre uygulama yapılmasında isabetsizlik görülmediğinden sanık vekilinin sübuta delillerin değerlendirilmesine ve bilgilerin gizlilik taşımadığına ilişkin bilcümle temyiz sebeplerinin 363 sayılı As. Krlş. ve Yarg. Us. Kanununun 217/2 maddesi gereğince REDDİNE, tedbir niteliğindeki emniyeti umumiye nezareti altına alınma cezası ile ilgili sürenin dört yıl iki ay şeklinde düzeltilmek suretiyle müttehez hükmün tebliğname veçhile Onanmasına 13 Nisan 1973 tarihinde oybirliğiyle karar verilip usulen açıklandı.

Arama yapıldı saat dörtte, geçen sabah.
Rüyasında hükmetmişler kelebeği cinli Müdüre.
Aradıkları: esrar, hap, kesici ve dürtücü âlet, şiir ve silâh.
Ellerinde coplar, matraklar, meşe sopaları, elfenerleri v.s.,
Uykumuzu şereflendirdiler.
İşte böyle herzaman uyanık ve diri ve herzaman onbeş
yaşında olmalı, dedik, *Devlet ve İdare!*..
Üzerlerimizi büyük bir titizlikle arayıp avluya saldıktan
sonra bizi birer ikişer,
Daha da büyük celâdetle saldırdılar döşeklere valizlere...
Demirparmaklıkların dışından seyre koyulduk bu matrağı
uzun, metrajı kısa filmi:
Deşilmiş döşeklerden pamuklar, parçalanan valizlerden
çamaşırlar, süprülen raflardan kâğıtlar uçuşuyor
havada (Genel Manzara)

Müdür bütün bu kargaşanın dışında bir nizam ve intizam
örneği, saçlarını sıvazlıyor, kemerini düzeltiyor.
(Omuz Çekimi)

Altlı üstlü ranzalar boyunca, yer yer ağırlaşarak mekik
dokuyor Kamera:

Kapıyoldaşları hastasını muayene eden bir hekim
dakikliğiyle didiklerken dörtbir yanı, eline geçirdiği
dergideki çıplak resimlere dalmış acemi bir gardiyan...

Sarı dedikleri sevimli şahıs dönüp Kameranın merceğine
gülüyor, avucunun içindeki kahverengi nesnenin üzerine
(Omuz Çekimi) yavaş yavaş ve bütün yırtıcılığıyla kapanıyor
pençesi. Ve aynı kapıcı kuş haliyle iniyor ranzadan.

Sokuluyor Müdürün yanına (Üstten Çekim). Bişeyler
söylüyor kulağına. Avucundaki kutuyu gösteriyor:
Kibrit Kutusu (Omuz Çekimi aynı hizadan).

Müdürün eli dalıyor kutuya. İçinden ağaç kabuğuna
benziyen o kahverengi nesneyi çıkarıyor. Yüzünü
görüyoruz: Sevinç ışıkları içinde ve muzaffer. Bir astronot
sanki, yeni inmiş yeryüzüne fezadan.
Burnuna götürüyor o şeyi, kokluyor, ağzına götürüyor.
Isırıyor biraz, tadıyor, yalanıyor. Sonuçtan memnun.
Memnunluğunu eleveren yapmacık bir öfkeyle kükrüyor:
Şu ranzada yatan hangi namussuz?
Geriden *"Benim"* diye incecik bir sesin yükselmesi üzerine
parlıyor: *Gelsene buraya, ulan!*
O ara Başgardiyan Rıza koşup kulağına bişeyler fıslıyor.
Bu sefer dişlerinin arasından: *Çok iyii! Demek casus!*
Fahir Dayı paştak paştak çıkıyor ortaya. Tıpkı cılız bir
çocuk arkadan.

Müdür *Sen haa!* diye yüzünü buruşturuyor. Fahir Dayı'yı
tepeden tırnağa süzüyor Kamera.

Sen haa! Bu suratla mı, ulan! Gözlerini kırpıştırıyor
Fahir Dayı.

Bu eciş-bücüş halinle mi!.. Bir kuş-bakışı dalıyor yukardan
ayaklara.

Ayaklar, yüzyıllık bir zeytin ağacının toprak üzerinden
yürüyen kökleri. Ardından ikinci imge: Fahir Dayı'nın
çarpuk ve bükrü ayağı.

Müdür sadede dönüyor acele: *Vatan hainliğini bitirdin,
şimdi de plâka basıp esrar satıcılığına başladın demek!*

Vücutlarından elektrik geçirilmiş gibi sarsılıyor bütün
gardiyanlar. Ve hepbirden dönüyor başlar
Fahir Dayı'dan yana.

Fahir Dayı yine gözlerini kırpıştırıyor ürkek ürkek.

Bu ne pekiy? Müdür o kahverengi nesneyi büyük bir elçabukluğuyla dayıyor Fahir Dayı'nın burnuna.

Fahir Dayı şaşkın değil, dalgın. *Bu mu?* diyor, ama soruyu kendine soruyor adetâ.

Bu ya! diye bastırıyor Müdür.

Bir meşe sopası görünüyor. Fahir Dayı avel avel bakıyor başının üzerinden sallanan sopaya,

Mahkemeye verecektim, diyor.

— Neyi?

— Elinizdeki deriyi.

Yeniden görünüyor Müdürün avcundaki nesne. Büsbütün asılıyor Müdürün suratı.

— Mahkemenin Reisine verecektim, almadı.

— Ne saçmalıyorsun, ulan?

— Ayaklarım su toplamıştı falakadan...

Gözleri açılıyor Müdürün. Kamera, avucuyla
Fahir Dayı'nın ayakları arasında gidip geliyor birkaç kez.
Körük gibi inip çıkıyor Fahir Dayı'nın göğsü. Ardından
uzun bir nefes. Ve Gerçek, bir göktaşı ya da kocaman
bir mayıs gibi dumanlar çıkararak düşüyor ortaya:
— Ben de kestim kabarmış tabanlarımın derilerini...
mahkemeye vereyim diye...
Yutkunuyor Müdür, ters-pürs oluyor yüzü. Elindeki copu
karnına dayayıp fırlıyor avluya.

O olaydan sonra hele, kalmadı hiç kuşkumuz:
Şu bizim Fahir Dayı birinci sınıf bir casus,
Çayocağında gizli gizli öksürerek bütün gün,
Burdan öbür dünyaya haber taşıyor domuz.

YİRMİBEŞ

Görüştü bugün. 17 Ekim...
Her gelen - - Dışarda sözleşmişler mi nedir? - -
Önce bir kıkırdayıp
Hadi gine! Dışardasınız yakında! diye başlıyor...
Hele Halk Partili dostlar - - Sol olsunlar! - -

Biraz da kabararak,
- - E, olacak tabiî o kadar - -
Hiç merak etmeyin! diyorlar,
Oldu bu iş!
Affınız garantiye bindi!
Üç aya kalmaz!
Ya Kurban Bayramından önce...
Ya sonra...
Tamam!
Affedildiniz!..
Dayanamadım artık, bu iyi niyetli dostlardan birine
Dur! dedim. *Ben de sana bişey söyleyim!*
Hiç de affedilecekmişim gibi gelmiyor bana!..
Amma yaptın! diye yanıtlayacaktı tam,
Beni halk mahkûm etmedi ki, dedim, *affedileyim,*
Ama Halk Partisi için diyorsan, o başka!
CHP'yi halk otuz yıl önce mahkûm etmişti,
Bak, şimdi affetti!

YİRMİALTI

Politikanın inceliklerinden anlıyan iki tür insanımız var:
Politikacılarla mahkûmlar.
Bunun nedeni de belli:
Politika, politikacılar için içeri düşme tehlikesidir,
Mahkûmlar için ise dışarı çıkma ihtimali.

11 Kasım, 1973

YİRMİYEDİ

İkide bir kulak veriyordum yağmura
Gorki'nin ANA'sından kaldırıp kaldırıp başımı...
Bayağ hoşuma da gitmişti ilkin,
İri iri damlalar
Elli mumluk elektriğinde bahçenin
Vurdukça betonların üstüne üstüne,
Işıltılı bir koşuşmadır gidiyordu...
Yine de bir eksiği vardı, ama ne?..
Kokusu yoktu, kokusu!
Toprağı yoktu,
Yaprağı yoktu,
Bi işe yaradığı yoktu!
Mübarek, yarı karanlık bir hapisâne avlusuna yağan
Tam bir yarı-aydın yağmuruydu.

LIK
TINYAGI
LIK
TINYAGI

YİRMİSEKİZ

Her gece, sanırım, onbir buçuğa doğru
Bir uçak geçiyor üstümüzden.
Yolcu uçağı, anlaşılan...
Beni bir Ortaçağ yaşamına mahkûm edenler anlamıyorlar ki,
Ben her gece, sanırım, onbir buçuğa doğru
Üstümüzden geçen o uçağın bir parçasıyım,
İniş takımıyım, göstergesiyim, motoruyum, aklıyım...
Ve ben her gece, sanırım, onbir buçuğa doğru
Bi kez daha anlıyorum ki,
Haklıyım.

YİRMİDOKUZ

Mustafa Ekmekçi'ye
Bu işten anlar diye.

Meydancılar! Ekmek geldi!
Acele kapıaltına gelin meydancılar!
Hoparlörden yayılan o davûdî ses,
Ses değil, canım... buram buram kokusuydu
Nar gibi kızarmış sıcacık ekmeğin...
Acıkmış parmaklar arasında bölünürkenki kokusu
Özgürlük ekmeğinin...

OTUZ

Halo Dayı'nın Türkçesi yok,
Kızıldereli Hüseyin'in tercümanlığıyla konuşuyoruz:
— Kaç yaşındasın, Can? diye soruyor.
— Kırk yedi, deyince ben,
— Mâşâllâhh! diyor bi, "â" ları çatlata çatlata.

Ve sorular izliyor birbirini:
— Evli misin, Can?
— Evet.
— Mâşâllâhh!.. Kaç çocuğun var?
— Üç
— Mâşâllâhh! Erkek mi?
— Biri erkek, ikisi kız.
— Mâşâllâhh! Kaç yaşındalar?
— Erkeği onbeş, kızlar onüçle oniki.
— Mâşâllâhh!.. Mesleğin ne?
— Şair, mütercim.
— Mâşâllâhh!.. Ne kazanıyorsun ayda?
— İki bin beş yüz-üç bin.
— Mâşâllâhh!.. Kaç sene ceza verdiler sana?
— Onbeş.
— Mâşâ... diye başlamışken yine,
Halo Dayı yarıda kesiyor Allah'ı,
Ve kısa bir sessizlikten sonra, o güleç ihtiyarla birlikte,
Bayram topları gibi patlatıyoruz kahkahayı.

OTUZBİR

Gardiyandı başımıza, kurt gibi bir gardiyan...
Başı belâya girdi bir esrar dalgasından.
Kuzu kuzu volta atıyor şimdi avluda.
Sine-i millete döndü Ramazan.

OTUZİKİ

Ispanaklar pembe pembe götleriyle
Demir dolabın üstüne yığılmış...
Desene, biz gene burdayız bu kış!..

OTUZÜÇ

Berberhâneye giderken, koridorda rastladım Kantinci
Mustafa'ya.
Epiy olmuştu karşılaşmıyalı,
- - Alışverişe çıkmayı bu ara bize yasak ettilerdi ya - -
Baktım, zayıflamış, tazıya dönmüş zavallı.
Bu ne hal? demeğe kalmadan, başladı yanıp yakılmaya:
Öldüm be, ağam! dedi. *Bunalttı beni bu hükümat bunalımı!*
Kırk gündür, seçimden bu yana, ha kurduk, ha kuracağız
ayağına,
Ne uyku, ne durak!.. Görüyorsun a halımı!..
Vatanmış, milletmiş, hepsi Sakarya!
Bi köşeye kıstıramıyorum ki şu nursuz Erbakanı!..
Ve demekliğim o ki, onbir yıl verdikleri yetmezmiş gibi bi
ufak yaralamaya,
Bu hükümat kurma işini de, korkarım, bu kodamanlar
takımı
Bizlerin sırtına yıhtı angarya!..

23 Kasım, 1973

OTUZDÖRT

Şaka-Maka

Şaka-maka değil,
Yüz bin mahkûmla bir milyon işçi
"Af" diye, "İş" diye inim inim
Dışarı çıkmayı beklerken hacet kapılarında,
Şu bizim devleti yönetenler
Bir kabine bile kuramıyorlar kırk gündür!..

OTUZBEŞ

Hapisânecilik

Tam bir yıl oldu bugün, bu şerefli uğraşa başlıyalı.
Şu âna kadarki sicilim, eh, oldukça başarılı.
Ama bu, benim kişisel yeteneğimden çok,
Toplumca hapse düşkünlüğümüzden olmalı.

"Asker Millet" diye bilinirdik 12 Marttan önce,
Şimdi ise, yediden yetmişe, hapisâneciyiz milletçe.

25 Kasım, 1973

OTUZALTI

AÇÇ! AÇÇ! AÇÇ! diye haykırıyor yüzlerce mahkûm...
Canımız yanmış gibi değil,
Canımız yana yana
Haykırıyoruz sahnedeki kadına:
AÇÇ! AÇÇ! AÇÇ!
Bir koçbaşı gibi zorluyor duvarları çığlığımız...

Açız çünki,
Açız...
Hem sade
O kadına
Ve kadınlara değil,
Güneşe,
Yeşile,
Toprağa
Ve açık havaya açız,
Adam gibi çalışmaya,
İnsan gibi yaşamaya da açız...
Onun için de işte,
Sahnedeki kadınla değil asıl,
Bu düzenin bazına asılıyoruz,
AÇÇ! AÇÇ! AÇÇ! diye haykırıyoruz.

Kilitleri aç!
Kelepçeleri aç!
Demir kapıları aç!
AÇÇ! AÇÇ! AÇÇ!..
Açız çünki,
Açız...
Hem sade
İçerde değil!
Güneşe,
Yeşile,
Toprağa,
Açık havaya,
Adam gibi çalışmaya,

İnsan gibi yaşamaya
Sade içerde değil,
Dışarda da açız...
Onun için de işte,
Sahnedeki kadına değil asıl,
Bu düzenin bazına asılıyoruz,
AÇÇ! AÇÇ! AÇÇ! diye haykırıyoruz.
Bize okul,
Bize yol,
Bize fabrika aç!
AÇÇ! AÇÇ! AÇÇ!..

Gine de nazlanıyor sahnedeki rakkas...
Bu açmaza son çare,
Bi açık versin diye bakıyoruz,
Canımız yanmış gibi değil,
Canımız yana yana haykırıyoruz:
AÇAMAZ! AÇAMAZ! AÇAMAZ!..
Ama hâlâ anlamıyor ki düzenbaz,
Gönülhoşluğuyla o açmazsa eğer,
Fırladığımız gibi bu TARİH denen sahneye,
AÇÇ! dediklerimizi biz
Kendi ellerimizle açaca'az!..

30 Kasım, 1973

OTUZYEDİ

Damın üstündeki mavi
Amma duru,
Amma mavi!..

Gökyüzü gibi duruyor bayaa!

Verlaine'den: *Le ciel est per-dessus le toit*
Si bleu, si calme!

OTUZSEKİZ

Bakanlıktan emir gelmiş Müdüre (Epiy sıkıştılar demek!):
Sıkı Yönetim döneminde - - Varsa eğer - - işkence görmüş
siyasîlerden
- - Yazmak isterlerse tabiî - - yazılı şikâyetleri isteniyor.
Bu dilekçelerde bi de: İz kalmışsa iz, rapor verilmişse rapor
Özellikle, öncelikle ve önemle belirtilecek!
(Bakanlık, anlaşılan, işkence izini parmak izi gibi bişey,
Sağlam-raporu veren doktorları da Prof. Tevfik Sağlam
sanıyor!)
Müdür Bey tarafından alâyişle tebşir edilir edilmez bu haber,
(Soba ne gezer!) sırf cansıkıntısıyla bezginlikten
Leş gibi marsık kokan eski revir
Havalanıverdi kendiliğinden
Ve kaleme sarıldı bizimkiler...

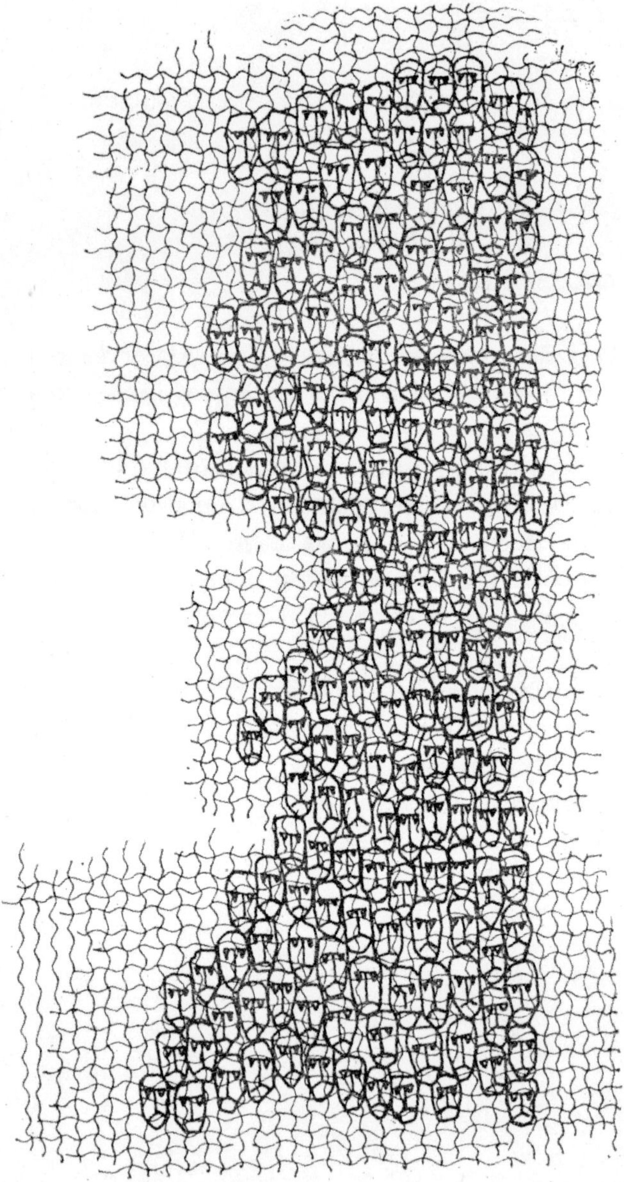

Lâkin ben böyle meclislerin eski bir müptelâsı olarak,
Biraz da pederâne bir gıptayla masayı seyre koyulmuşken,
Daha ilk-ağızda yanaklarının pençe pençe kızarmasından,
Hele gözlerinin bebeklerine konan o *vatan-kurtaran*
ciddiyetten,
Ne yalan söyleyim, huylanır oldum birden.
Gene *Son tahlil*'de diye başlayıp,
Tamam mı! diye yarıda sona eren
Ve dinlemesi de işkence bahsine giren
O hiç de tez olmayan *anti-sentezler*'den birine tutulmaktan
korkuyordum,
Dilekçeler bir saat kadar sonra
- - Herzaman korktuğu gelmiyor insanın başına - -

Yeni dikilmiş zıbınlar gibi akpak,
Ortaya çıkıncaya dek...
Özür dilerim genç kardeşlerimden,
Koşulların insanları değiştirdiğini
Ve özün biçimi belirlediğini
İçime yeterince sindirememişim demek ki...
Suretleri yanımda, okuyorum da yeniden,
Yazdıklarında ne bir tümce fazla, ne bir tümce eksik,
Anlatılan somut, anlatım açık-seçik;
Ne bir yerinme var, ne de bir öğünme,
Kendilerinden adetâ kendileri değilmiş gibi söz ederek,
Böylece özneli nesnelleştirerek,
Genellik ve tarihsellik kazandırmışlar geçirdikleri döneme...

Mehmet Telli'nin dilekçesinden vereyim size bir-iki örnek:

> *1) Bu sırada köylüler çamura ve kana bulanmış halimize bakarak bize acınıyorlardı.*
> *2) Bütün bunlar yetmiyormuş gibi, hayvana binermişçesine sırtıma binmeye, sanki topmuşum gibi tekmelemeye, yumruklamaya, iz kalmasını önlemek için kum torbalarıyla vurmaya başladılar. Her darbede bütün iç organlarımın sallandığını, yerinden kopar gibi olduğunu duyuyordum.*

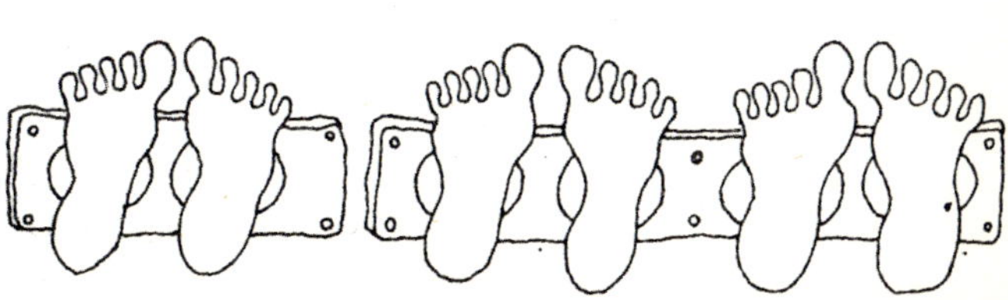

Bu da Nail Özkaya'dan:

Yerini sahiden bilmediğim silâhları aramak üzre arkadaşım Arıcı'yla beni dağa sürdüler. Dağda soyadının Bektaş olduğunu duyduğum bir komanda üstteğmeni karşımızda votka içti ve bizleri elli metre ileriye dikerek üzerimize kurşun yağdırdı. Silâhların bulunamaması üzerine, tabancasını şakağımıza dayayıp, "Ya bu silâhlar bulunacak, ya da ben sizleri öldüreceğim!" diyerek, dolu sandığımız silâhın tetiğini birkaç kez çekti. Daha sonra İskenderun'a nakledildik.

17 yaşındaki öğrenci Nail'den sonra, bi de Yaşar Gökoğlu'nu dinleyin:

> *Bu işlemler sırasında en önde ve en hareketli olan Bankalar Karakolu komseri bıyıklarımı yoldu ve çakmağıyla yüzümü yalazladı. Baştan beri, "Anlat, ulan!" diyorlar; "Ne anlatayım?" diye sorunca da, "Ne anlatırsan, anlat ulan! Biz siyasî değiliz, anlamayız!" diyorlardı.*

Nasıl!..
Singer makinesi gibi tıkır tıkır işliyor tümceler, değil mi?..
İşte böyle, can kardeşim,
Sade yazı yazarken değil, konuşurken de
Hep çifte dikiş vuracaksın anlama!
Dikişin biri bugün için, ama
Asıl önemlisi, öbür dikiş kalacak yarına!..
Nitekim bu dilekçelerden sağladığımız yarar da
Bu yârınlık dikişten ibaretti.
Çünki Müdür Bey ertesi günü,
Ve galiba hafiften utanarak, koğuşa kadar gelip,
Telefonla kendisine verilen emrin yanlış anlaşıldığını,
Dilekçe Yazma talimatının bizlere değil,
1972 yılında işkenceye ilişkin dilekçe gönderip de
Dilekçesine resmi bir karşılık alamamış olanlara râci
olduğunu
Tebliğ ile yazdığımız dilekçeleri iade etti.

OTUZDOKUZ

Bâd-ı sâbâ ranzaların altında
Patlamış pabuçlarla tokyolara
Siftinirken badi badi,
- - - Bu gidişle cami olur sonunda bu cezaevi! - - -
Baktım ki secdeden doğrulan ihtiyara,
Yetmişinde değil sanki,
Presten yeni çıkmış bir çivi!..
Neylersin, mahkemece çakılmış duvara
Saltanatlı Eruh aşiretinin reisi,
Başında hâlâ eski kasketi...
Ve her gece böyle sabahlara kadar
Bir çekiç gibi inip kalkan çenesiyle
Mıhladıkça tahta göğsüne, omuzlarına
O kapkara ettehıyatüleri,
Allahın emri, Hükümatın kavliyle
Çivi çiviyi söker sanıyor fıkara!

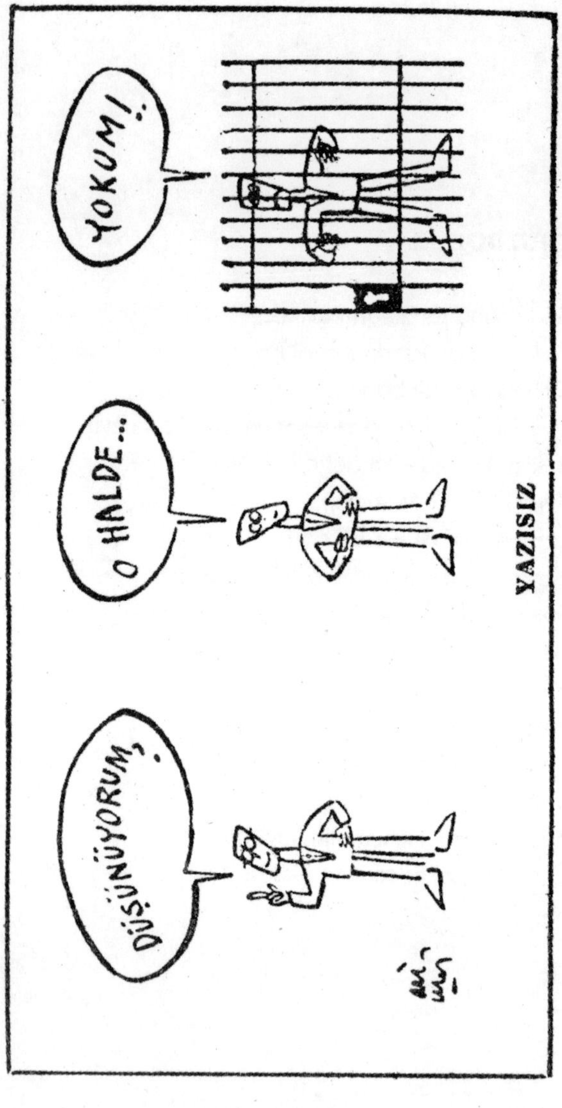
DÜŞÜNÜYORUM,
O HALDE...
YOKUM!
YAZISIZ

KIRK

Düzeltme

4 Aralık, 1973 günü Cumhuriyet'de
Descartes'ın ünlü sözüne atfiye
DÜŞÜNÜYORUM, O HALDE YOKUM diye
Bir karikatürü çıktı Ali Ulvi dostumuzun.
Ama aslı, yâni Latincesi ve doğrusu:
COGITO ERGO mahpuSUM
olacak bunun.

KIRKBİR

Gorki'nin kahramanlarından Yakov, yedi yaşında bir çocuk, arkadaşına soruyor:

- - - *İlya,* diyor, *bu kadar küçük gözlerle insanlar nasıl olup da herşeyi görebiliyor? Koca bir kasabayı görebiliyorlar?.. Şu caddeyi düşün bikez! Nasıl olup da senin gözüne sığıyor?*

- - - *Pekiy ama, Yakov,* diyorum ben de, *şu cezaevindeki bini aşkın mahkûmun, koca koca adamların yıllardır dünyaya duydukları özlemle o kocaman kocaman olmuş gözlerini düşün bikez! Nasıl olup da bunca göz bu dört duvar arasına sığıyor?..*

Üç Arkadaşın Zor Günleri,
Maxim Gorki,
Günce Yayınları.

KIRKİKİ

Çetin Altan içerde de, dışarda da,
Madem ki yazısında da, yaşamında da,
Dün, bugün değil sade, dilerim, yarın da
Tepeden tırnağa ve kirpiklerine kadar
Yiğit, dürüst ve ilerici bir aydın,
Gözleri de aydın olsun cancağ'zımın!

9 Aralık, 1973

KIRKÜÇ

Adı lâzım olmayan birine

Aramadı, sormadı diye Müşir, takaza etme ikide bir!
Ölü-evinden çıkar çıkmaz, hastasını nasıl unutursa doktor,
Avukatlar da öyle - - ortak bir güdüyle herhalde - -
Hüküm giydin miydi cezaevinde, unutacak seni mecbur.

KIRKDÖRT

Gücüme gidiyor bu *Allah kurtarsın!* lâfı.
Müdürü gelir: *Allah kurtarsın!*
Savcısı gelir: *Allah kurtarsın!*
Gardiyanı gelir: *Allah kurtarsın!*
Bi hal olduk, Allah bilir, günde kaç posta
Allah tarafından kurtarıla kurtarıla.
Oysa biz, insanları kurtarma zahmetinden
Kurtarmak için Allah'ı
Düştük, değil mi, bu yola?

KIRKBEŞ

Hiç durma, Can, sök gözlerinden
O sinsi sinsi büyüyen nergisi!
Ondan geliyor bu başdönmesi...
Pekiy ama nedendi öyleyse
Karanlık tellerin orda konuşurken benimle
O arkadan gelen sinsi ışığa
İkide bir başını döndürmesi?
Ondan mı acaba başımın dönmesi,
Bu açlıktan beter kıskançlık?
Hiç durma, Can, sök gözlerinden
Bu sana yaraşmayan nergisi!
Bir bahçıvan gibi güvençli olmalı
Marksist adamın sevgisi!

KIRKALTI

Bir sıkıntı vardı içimde - - sebepli - -,
Akşamdan - - yedi mi ne? - - yattıydım.
Kalktım ki püfff!..
Acayip bir yanık kokusu!..
(Kızgın düşte kavruluyor gençlerin sovancıkları.)
Kolumdaki saat bile erimiş nerdeyse,
Yapıştı çapaklı gözlerime sabahın üçü...

Sarka-tutuna indim aşağı,
Su çaldım maymunlamış yüzüme,
Bi de çiş edeyim, dedim.
Tıkanmış gene kubur,
Kocaman bir bok yüzüyor üstünde,
Mağrur, Cermen ve vakur,
Bi bok sanıyor kendini... haklı olarak!
Küçük aptestimle bozdum saltanatını.
Dedim a, bir sıkıntı vardı içimde...
Koğuşa döndüm, demir kapıyı gacırdatarak.
- - İnşallah, uyanmamıştır kimse! - -
Uyanan olmamış, allah kahretsin!
Tırmandım ranzaya, oturdum yatağın içine.
Bakındım balıkçıl bir umutla
Beylik battaniyelerin altından
Dost bir yunus çıkar belki diye.
Hâlâ kendi karasularında yüzüyor herkes...
Kaldık mı sana ölü götüne tıkaç Birinciyle
Zeytin çekirdeği tesbihine!..
- - İnsan gözü otobur bir hayvan,
Yeşilsiz kalınca, ölüyor açlıktan. - -

Tersliğe bak, Faik Dayı'nın
Gözlüğünü almayı unutmuşum!
Kitaplardan da medet yok demek!..
İki kolu iki yanına sarkmış
Nefti kazağım gibi duvara asılı
Gölgecağ'zımı pışpışlıyordum ki,
Dudaklarım yapraklanıverdi birden.
Ve bir adam bir rüzgâra
Ne kadar yaprak olabilirse o kadar
Yakından dinledim o rüzgârın hışırtısını:
Gülerim, sevgilim, bitanem, küçücüğüm benim...
Açıldıkça o yesir sesin taçyaprakları,
Hanidir gülmeyen yüzüm de güldü.
Zâten o içimdeki sıkıntı dediğim şey de
Bu pusulayı şaşırmış rüzgâr-gülüydü...

Bulduğum bu gül-doğruya
Kendi kendimle doğrulmak istedim.
Olmadı, çünki ben kendimde değil,
Koğuşun kağnısına leyliydim...
Yapıştığım gibi demir boynuzlarından
Bura bura çevirdim başını
Uyku denen o burulmuş boğanın...
Vay anam, öyle bir böğürdü ki ranza!..
Yöneldik sonra aydınlanan karabasanlarla
Kuzeye, İstanbul'a, Boğaz'a...
    - - İnşallah, uyanmamıştır kimse! - -
    Uyanan olmamış, allah kahretsin!

ONFESIIY
SPOR
CUMHRI
RMEK MI
BAFRA

KIRKYEDİ

10 Nisanda yazdığın,
12 Nisanda postaya attığın,
17 Nisanda da benim elime geçen
Mektubuna sitemimdir.

Kavlimiz öyle değil miydi, hayatım?
Nisanın 20'sinde burda olacaktın!..
Hayaliyle yaşıyorum günlerdir
Telörgüler ardındaki hayalinin:
Dayanıklı tazedir gerçi ama,
Kırılır gibi oldu hani
Çalakalem yazılmış mektubunu alınca.
Çocuk Bayramı'ndan sonra geleyim
Nisanın 26'sında orda olurum, diyorsun...
Bunun anlatmağa üşendiğin bir nedeni var elbette!
Çünki durduğu yerde beni
- - Üstelik, bu güç durduğum yerde,
Öksüz balığı gibi livarda
Çarpına çarpına - - bekletecek değilsin a!..
Hem ne kaldı, canım, şunun şurasında
Nisanın 36'sına!..

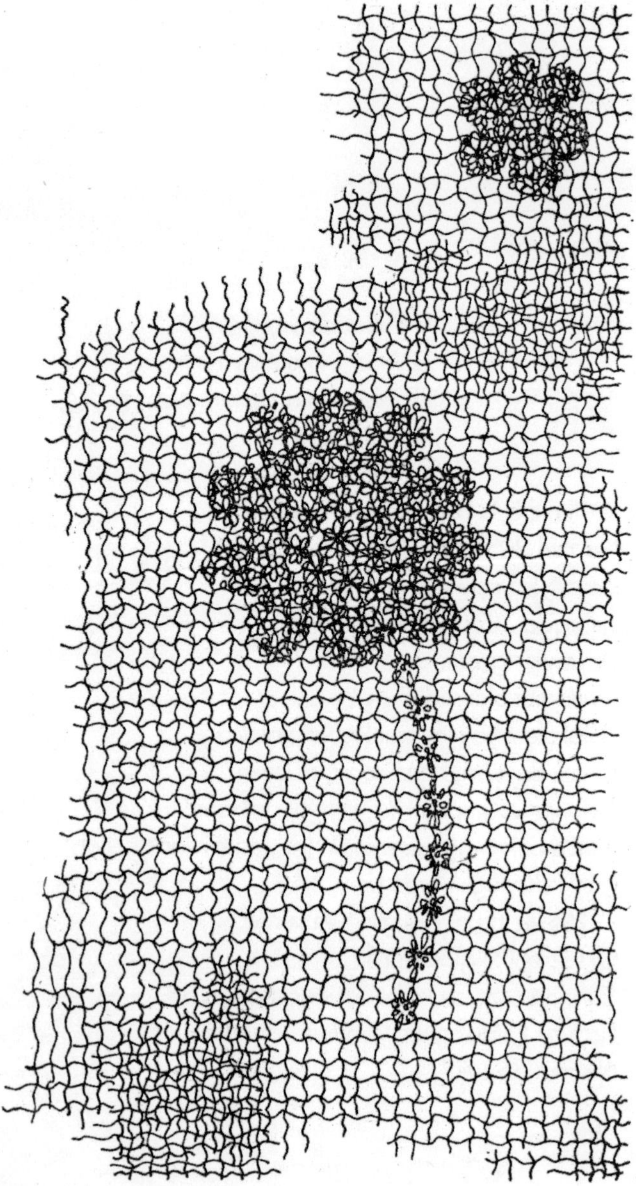

KIRKSEKİZ

Komünizm elektriklendirilmiş Sosyalizmdir,
Demişti Lenin.
Bu târife ârif oldukları için mi acep
Karışık ism-i fâil birtakım örgütlerin
Yakaladıkları yerde, şu son birkaç yıldır
Sosyalistlerin organlarına elektrik vermeleri?..

KIRKDOKUZ

Bir cehennem daha Uçmak,
Kanatların odlara yanarak!
Daha! Daha! Daha!
Ölüme ELT'yle yollanan
Bir telsiz turna daha!

Üç gün oldu... ve kimbilir kaç gece...
Bu yanık havayı yediremedim ciğerlerime,
Bu kara dumandan Sosyalist Realizme
Bir ışık yolu olacaktı, ama ne?..
Ateş böcekleri imgesine sarıldım önce,
Odlara yanmış kanatlarımdan
Misis otlarına yağan ateş böceklerine...
Yakamozlara da bir gönderme olabilirdi belki,
Geleceğin gözleriyle bize dostça gülen
Yakamozlar ki Tarihin öbür yakasındaki...
Derken bir haber geldi: İşçiler
Tarihî (5'inci) Maddecilerin
"Af" dışı bırakıldığını
Sabah ajansından işitince,
İş bırakıp dağılmışlar evlerine,
İşçiler, işçiler,
Benim ateş kardeşlerim
Bossa Fabrikasındaki...

11 Haziran, 1974

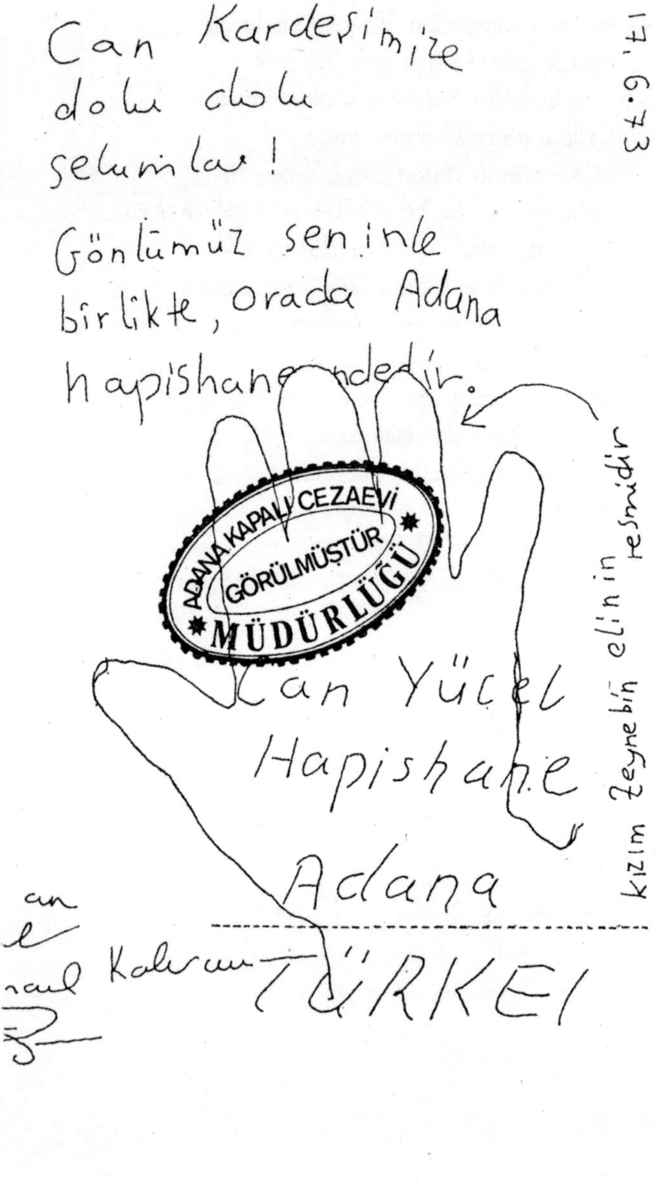

Can Kardeşimize
dolu dolu
selamlar!
Gönlümüz seninle
birlikte, orada Adana
hapishanendedir.

17.6.73

kızım Zeynebin elinin resmidir

ADANA KAPALI CEZAEVİ
GÖRÜLMÜŞTÜR
MÜDÜRLÜĞÜ

Can Yücel
Hapishane
Adana
TÜRKEI

ELLİ

ADALET KAZAN,
BİZ KEPÇE.

ELLİBİR

Dr. Lâle'ye

Gökyüzü ölü bir göl
Üç pâre bulutuyla

Avluda avel bülbül
Dün kesilmiş dutuyla

O kız mahkûm mu değil
Taş gibi umuduyla

RVE

ELLİİKİ

Tanpınar ne içinde, ne de dışındaymış zamanın!..
Kapısında beklerken şimdi bu guguklu *DAM*ın
Üstâdı andırır gibi olsa da hâl-i perişânımız,
Biz Tecritteyken bile civcivindeydik yaşamır

9 Temmuz, 1974

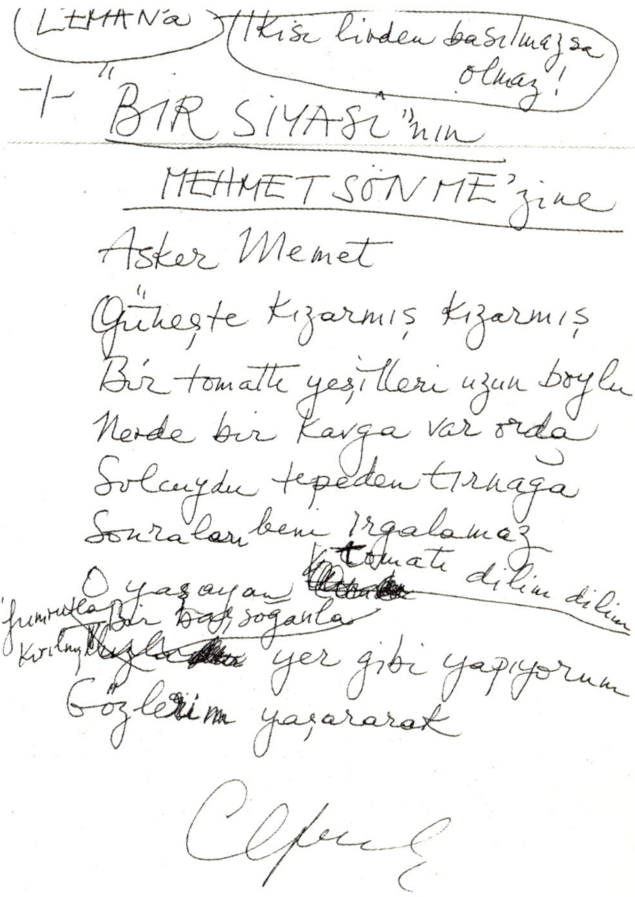
(LEMAN'a) (İkisi birden basılmazsa olmaz!)

"BİR SİYASİ"nin

MEHMET SÖNMEZ'ine

Asker Memet
Güreşte kızarmış kızarmış
Bir tomatis yeşilleri uzun boylu
Nerde bir kavga var orda
Solcuydu tepeden tırnağa
Sonraları beni ırgalamaz
O yaşayan tomatis dilim dilim
Bir baş soğanla
yer gibi yapıyorum
Gözlerim yaşararak

Mehmet Sönmez'in ölümünün ardından kaleme aldığı şiiri.

Adana Cezaevi'nde açık görüş, bayram ziyareti: Soldan ikinci Canan Eronat, soldan üçüncü Ahu Eronat, soldan dördüncü Güler Yücel, soldan beşinci Can Yücel, soldan altıncı Abdullah Nefes, soldan yedinci (arka sıradaki) Kutber (?), soldan dokuzuncu (arka sıradaki) Kutber'in kızı Emel, soldan onuncu (arka sıra sağ baştaki) Süleyman Ege.

Adana Cezaevi'nde Siyasi Koğuştaki arkadaşlarıyla birlikte: Can Yücel (arka sırada ayakta soldan dördüncü), Abdullah Nefes (arka sırada ayakta soldan ikinci).

Can Yücel (soldan ikinci), arkadaşları Süleyman Ege (soldan üçüncü) ve Abdullah Nefes (sağ baştaki) ile Adana Cezaevi'nde volta atarken.

Abdullah Nefes (soldan dördüncü) ve Can Yücel (sağ baştaki soldan beşinci).